本书获湖北省社科基金一般项目 （后期资助项目 编号: 2021001)
和湖北文理学院马克思主义学院资助

唯物史观视域下的
李达经济学思想研究

高其文　著

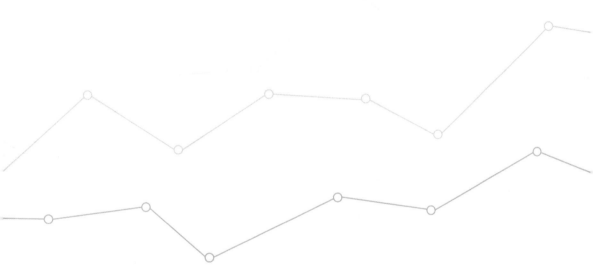

吉林大学出版社

·长春·

图书在版编目（CIP）数据

唯物史观视域下的李达经济学思想研究／高其文著
. -- 长春：吉林大学出版社，2023.7
ISBN 978-7-5768-1916-8

Ⅰ.①唯… Ⅱ.①高… Ⅲ.①李达-经济思想-研究
Ⅳ.①F092.7

中国国家版本馆 CIP 数据核字（2023）第 141316 号

书　　名　唯物史观视域下的李达经济学思想研究
　　　　　WEIWU-SHIGUAN SHIYU XIA DE LI DA JINGJIXUE SIXIANG YANJIU

作　　者　高其文
策划编辑　黄忠杰
责任编辑　宋睿文
责任校对　付晶淼
装帧设计　周香菊
出版发行　吉林大学出版社
社　　址　长春市人民大街 4059 号
邮政编码　130021
发行电话　0431-89580028/29/21
网　　址　http：//www.jlup.com.cn
电子邮箱　jldxcbs@ sina.com
印　　刷　吉林省吉广国际广告股份有限公司
开　　本　787mm×1092mm　1/16
印　　张　10.5
字　　数　220 千字
版　　次　2023 年 7 月　第 1 版
印　　次　2023 年 7 月　第 1 次
书　　号　ISBN 978-7-5768-1916-8
定　　价　86.00 元

前言

　　李达是著名的马克思主义哲学家和经济学家，是最早在我国传播马克思主义并主张以马克思主义改造中国的先驱，也是中国马克思主义史上"百科全书式的"学者和理论家，他在哲学、经济学、史学、社会学、教育学等领域都有开拓性的贡献。李达的学术研究路径继承了马克思的特质，始终将唯物史观作为学术研究的理论基础，他是中国传播和运用马克思主义经济学的拓荒者之一。从学理上探索李达唯物史观的经济学向度，进而探寻李达成为中国早期传播和运用马克思主义经济学开拓者的动因，既能够管窥马克思主义哲学和经济学中国化时代化的轨迹，也可以系统地研究唯物史观视域下李达经济学思想的形成背景、理论基础、主要内容、基本特征、主要贡献和当代价值，以帮助人们进一步了解马克思主义哲学和经济学中国化时代化的轨迹。

　　李达早年围绕中国社会革命问题，通过痛苦思考和抉择，最终选择了马克思主义。在理论学习中，李达最初接触到的是唯物史观和马克思主义经济学，后来又通过出版和翻译马克思主义理论书籍进一步丰富了自己的哲学和经济学思想。由于李达脱党后仍然坚持在多所大学继续从事马克思主义教学与研究，因此也取得了马克思主义哲学和经济学中国化时代化的丰硕成果。在卷帙浩繁的李达著作和论文中，唯物史观和经济学占据着特殊重要的地位。他对唯物史观作了多向度展开，对唯物史观的经济学向度予以特别重视，唯物史观是其经济学研究的基础，其经济学研究成就反过来又丰富和发展了马克思主义唯物史观。

　　李达探索唯物史观经济学向度有其特定的背景、经历了特殊的历程。他展开唯物史观经济学向度研究的时代，正值中国经历"数千年未有之变局"、中国面临向何处去、中国革命风起云涌的时代。他早年从爱国主义者转变为马克思主义者，后来成长为著名的马克思主义哲学家和经济学家。李达重视唯物史观经济学向度研究，既有中国传统思想文化熏陶，也有湖湘文化浸润。他探索唯物史观经济学向度的思想历程，经历了一个生成经济学向度、经济学思想初步确立、多方面展开和进一步发展的过程。

唯物史观是李达经济学思想的理论基础。李达围绕"中国向何处去"的时代重大问题而融入历史潮流，走在时代先进行列；他主张社会革命，参加革命实践，后又转向理论研究；他致力于马克思主义唯物史观研究，后又转入经济学领域。深入挖掘李达在经济学诸领域的学术贡献，必须将其置于唯物史观视域之下。李达从唯物史观出发，对中国产业革命、马克思主义政治经济学、货币学、中国近现代经济史、社会主义和共产主义经济等都作了较为系统的研究。内容涉及李达经济学的研究对象与研究范围、产业革命与产业经济学思想、社会经济构造与政治经济学思想、货币学理论与货币经济学思想、近代经济运动与中国近代经济史思想、社会发展阶段理论与社会主义和共产主义经济学思想等方面。

李达唯物史观经济学向度研究成果是对马克思主义经济学思想的继承与发展，有着自己鲜明的个性和特点，如立足于唯物史观，具有厚实的理论性；密切联系中国实际，具有很强的实践性；出发点在于推动中国革命，具有明确的目的性；研究内容广泛深刻，具有很强的系统性；研究方法系统完备，具有明显的整体性等特征。李达唯物史观经济学向度研究有着多方面的学术贡献，如：它扩展了经济学研究对象和研究范围，开创了马克思主义经济学中国化研究范式，拓展了多个部门经济学的研究，开拓了中国货币学研究的新领域，考察了中国近代经济史的发展，探索了共产主义两个阶段的经济建设规律等。李达唯物史观经济学向度研究也具有多方面的价值，如：它是开展当代中国经济学研究的宝贵经验、观察当代经济全球化的认识工具、推动中国特色社会主义经济建设的理论指南、正确认识当代资本主义新变化的观察工具，等等。

目 录

导论　唯物史观的经济学向度展开

李达（1890—1966），是我国早期传播马克思主义并主张用马克思主义改造中国的先驱之一，也是中国马克思主义史上具有开拓精神和严谨态度的"百科全书式的学者和理论家"①，他在马克思主义的多个学科领域都有开拓性贡献。以哲学作为经济学研究的理论基础，也是从唯物史观的经济学向度展开，是马克思创立经济学理论的学术路径。李达继承了马克思的特质，在教学与研究中始终坚持以唯物史观为理论基础，并对唯物史观的经济学向度予以特别重视。通过探索唯物史观视域下的李达经济学思想，我们希望能管窥马克思主义哲学和经济学中国化的轨迹。

第一节　问题的提出及研究意义

李达是我国早期杰出的马克思主义哲学家，也是被学者们普遍认可的著名的马克思主义经济学家。探索他的唯物史观经济学向度成就、展开唯物史观视域下李达经济学思想研究具有重要意义。

一、问题的提出

李维武教授曾撰文指出，"在李达的近半个世纪的马克思主义哲学生涯中，对唯物史观的传播、阐释与中国化所作出的努力与贡献，像一根红线贯穿始终。……与同时代的其他中国马克思主义者相比，李达对唯物史观作了多向度的开展，由历史观进而涉及政治哲学、本体论、历史学、经济学、法理学等不同领域，从而赋予了唯物史观以多样的形态与丰富的内涵，使唯物史观在中国思想世界

---

① 胡乔木：《深切地悼念伟大的马克思主义理论家李达同志——在纪念李达同志诞辰一百周年座谈会上的讲话》，载《武汉大学学报（人文科学版）》2000 年第 53 卷第 6 期。

焕发出蓬勃的生机与巨大的活力。"① 他还特别强调，李达对唯物史观经济学向度予以特别重视。陶德麟教授也在《经济学大纲》再版前言中指出，"李达不仅是卓越的马克思主义哲学家，也是卓越的马克思主义经济学的拓荒者之一，是在中国独立撰写马克思主义经济学教科书的第一人"，"李达的《经济学大纲》是中国人自己写的第一本马克思主义经济学教科书和专著"②。由此使笔者想到，作为中国早期著名的马克思主义理论家，李达在对唯物史观传播、阐释与中国化时代化过程中于经济学领域到底取得了哪些杰出成就呢？或者说，作为人们公认的马克思主义哲学、经济学大家，李达对唯物史观经济学向度的展开有哪些重要贡献呢？

在概念上，"向度"一词的英文表述是"dimension"，用汉语翻译就是"方面"或"维度"之意。李达唯物史观经济学向度，是指李达从经济学视角去展现唯物史观的方向与维度，是以唯物史观作为经济学研究的方法论原则，用经济学研究成果丰富和充实唯物史观的时代内涵，体现了唯物史观的蓬勃生机和旺盛生命力。李达把马克思主义哲学与经济学相结合的研究范式，开辟了中国早期马克思主义者传播和研究唯物史观的新路径，也把握住了认识中国社会性质和推动中国革命发展的关键问题，其经济学思想不仅忠实于唯物史观基本原理，而且立足于中国国情，直面中国时代主题。

李达早年围绕"中国向何处去"的时代之问，曾有过"教育救国""实业救国""科学救国"梦想，但由于当时中国的政治经济状况，他的这些梦想都先后破灭了。中国出路在哪里？他在参加留日学生归国请愿失败后，毅然放弃了理科学习，重返日本专攻马克思主义。在那里，李达有幸师从日本著名的马克思主义经济学家河上肇先生并深受其影响。通过系统学习、翻译马克思主义理论，李达吸收了大量经济学思想，还通过出版马克思主义书籍进一步丰富和系统化了他的经济学思想。1920 年夏，李达抱着"寻找同志、干社会革命"的目的回国，他在上海领导创建了人民出版社，并与友人合创了昆仑书店，先后出版了《工钱劳动与资本》《资本论入门》等马克思主义经济学著作。抗战爆发前后，李达长期从事经济学教学与研究，其中，在北平期间被称为"经济学和哲学名教授"③。1938 年李达任广西大学经济系教授兼系主任。这些经历，为李达经济学思想的形成奠定了坚实基础。

---

① 李维武：《李达对唯物史观的多向度开展》，载《武汉大学学报（人文社会科学版）》2011 年第 64 卷第 1 期。

② 李达：《经济学大纲》，武汉大学出版社 2007 年版，"再版前言"第 2 页。

③ 茜萍：《学人访问记——经济学社会学名教授李达》，载《世界日报》1935 年 1 月 30 日。

在学习、宣传和研究马克思主义理论过程中，李达著译了许多经济学著作，撰写了不少经济学论文，形成了一系列经济学思想和观点。其中，1926 年出版的《现代社会学》从多方面论及社会经济基础问题，1929 年出版的《中国产业革命概观》系统介绍了中国产业发展状况、分析了中国经济政治落后的原因，1935 年出版的《社会学大纲》对生产力与生产关系、各种社会经济构造形态等进行了系统考察，20 世纪 30 年代写成的《经济学大纲》《货币学概论》集中阐述了李达经济学和货币学思想，两篇中国现代经济史论文系统论述了中国现代经济发展演变过程，《土地所有权之变迁》《土地问题研究》等阐述了李达的土地经济学观点。李达当时认识到，要知道中国社会到底是什么样子，"只有从经济里去探求"①。很显然，他确立了从经济领域去探究社会规律、寻求中国出路的研究范式。

正因为李达在哲学和经济学领域都取得了卓越成就，学术界多次将李达称为著名的哲学家、经济学家，并对其高度评价。20 世纪 30 年代，《世界日报》记者茜萍曾以《经济学和社会学名教授李达》为题，将李达列为"学人访问记"栏目第一个受访对象。武汉大学段启咸教授也认为，李达既是杰出的马克思主义哲学家，也是有重大贡献的马克思主义经济学家。华中科技大学王炯华教授则在《李达评传》中专辟一章，标题即为《哲学和经济学名教授》。这些评价都将李达的哲学和经济学贡献相提并论，是对其成就的高度肯定。

相对于哲学成就，有论者对李达的经济学成就更是赞赏有加。同济大学丁晓强、李立志在《李达学术思想评传》中认为，李达是我国早期的马克思主义理论家中，"少数涉足经济学领域并取得卓有成效的马克思主义理论家之一"②。武汉大学汪信砚教授论及李达哲学探索的独特理论个性时也指出，"很少有人像李达那样高度重视经济学研究"③。这些赞语，凸显了李达在唯物史观视域下对经济学研究的独特贡献。

上述评价，高度认可了李达在哲学和经济学方面的学术贡献，对于认识李达在唯物史观视域下研究经济学的成就具有重要作用。但任何问题的提出，总有其理由和依据。今天，为什么要强调重视李达的经济学思想研究？或者说，为什么会选择唯物史观视域下的李达经济学思想研究呢？笔者以为至少有如下理由：

一方面，突出了研究唯物史观视域下李达经济学思想的必要性。首先，李

---

①　李达：《中国产业革命大观》，载《李达全集》第 5 卷，人民出版社 2016 年版，第 3 页。

②　丁晓强、李立志：《李达学术思想评传》，北京图书馆出版社 1999 年版，第 78 页。

③　汪信砚：《李达哲学探索的独特理论个性》，载《哲学研究》2011 年第 12 期。

达经济学思想是一个内涵丰富的理论宝库。它可以为中国经济发展提供多方面指导，但必须以科学认识为前提。武汉大学李维武教授指出，"李达对唯物史观作了多向度的开展"，"对唯物史观经济学向度予以特别重视"①。这表明李达在传播唯物史观基础上展开了经济学研究，他的经济学思想以唯物史观为理论基础，是在唯物史观视域下正确分析资本主义社会基本矛盾和社会构造基础上展开的，也是在正确分析中国社会性质和中国革命性质中拓展的。其次，唯物史观是一个博大精深的理论体系。它科学揭示了人类社会发展规律，但因其有着多方面层次和丰富内涵，人们可以从多个角度对其进行不同解读。正如唯物史观最初传入中国时那样，由于知识背景不同，我国早期马克思主义者解读的方式也各不相同，如李大钊、陈独秀、蔡和森、杨明斋分别侧重于结合历史学、政治哲学、人类学和东西文化关系进行解读。李达最初是结合政治哲学进行解读，但很快转到唯物史观阐释体系构建上来，他开创了唯物史观经济学向度研究范式。最后，当代马克思主义经济学历史命运呼唤唯物史观。北京师范大学杨耕教授在《为马克思辩护》中引用美国学者奥康纳的话指出，"当世界经济真正凸显出马克思在《资本论》中所阐述的那种模式的时候，马克思主义却……遭到拒斥"②。因此，全面理解马克思主义，就不应拒斥马克思主义理论的宝贵资源。李达经济学思想的价值在于它坚持唯物史观基本立场和方法，对于研究当代世界和中国经济问题仍具有重要启示。

　　另一方面，也是推动经济学研究学风建设的需要。李达认为，围绕"中国向何处去"问题，中国早期马克思主义者们选择了以哲学作为理论武器，并试着从哲学中去寻找解决中国社会问题的方法。李达抱着同样目的走上马克思主义哲学探索之路，因而他的研究具有强烈的问题指向，他特别关注当时的中国社会经济发展状况，重视中国经济研究，他对中国经济学不研究中国经济的现状非常不满，并对其进行了严肃批评，认为是"严重的错误，极大的缺点"③。李达在这里实际上强调的是马克思主义学风问题。马克思主义者认为，理论联系实际是必须坚持的马克思主义态度。毋庸讳言，这些年中国经济学研究由于受着西方强势的话语权影响，当代中国经济学研究确实不同程度地存在着重视西方经济学研究、轻视中国经济学研究的倾向。这种态度，正如李达所批评的一样，是我们必须要吸取的教训。如果我们不对中国经济不进行独立自主的研

---

　　① 李维武：《李达对唯物史观的多向度开展》，载《武汉大学学报（人文科学版）》2011年第64卷第1期。

　　② ［美］詹姆斯·奥康纳著，唐正东、臧佩洪译：《自然的理由——生态学马克思主义研究》，南京大学出版社2003年2月版，第1页。

　　③ 李达：《经济学大纲》，载《李达全集》第13卷，人民出版社2016年版，第19页。

究，而是总跟着海外主要学术流派或某阶段流行的学术思潮，那么我们既无法理解为什么名目繁多的西方经济学理论难于推动当代西方社会摆脱金融危机的影响，也无法对生动的中国特色社会主义经济实践进行正确的概括和总结。当代中国特色社会主义经济应该有何种经济学理论，才能揭示中国经济创造奇迹的"密码"，才能解决当代中国经济发展中遇到的实际问题？

综上所述，李达因思考"中国出路问题"而选择了马克思主义，其研究成果正确地分析了人类社会发展规律和中国革命的必然性。作为革命派学者，李达以唯物史观为指导所取得的经济学成就，使他成为享有盛誉的马克思主义哲学家和经济学家。但是，我们也能感受到，作为著名的马克思主义哲学家，李达的哲学成就已得到人们充分认可，而作为著名的马克思主义经济学家，学术界对他的经济学思想的研究还不是很多，特别是从唯物史观视角对其进行系统研究的就更少了。

由此，笔者也在想，李达传播唯物史观过程中为什么会特别关注经济学，李达在唯物史观视域下展开经济学思想研究到底有哪些内容和时代价值。深入探讨唯物史观视域下的李达经济学思想的时代背景、理论基础、历史进程、主要内容、基本特点和当代价值，正是本书意图之所在。

二、研究的意义

李达是中国早期传播马克思主义的著名代表人物，是对唯物史观展开多向度系统阐述、传播和研究的学者，也是中国最早用唯物史观研究中国经济问题的革命理论家，研究他对唯物史观的经济学向度展开具有重要的理论和实践意义。

1. 理论意义

研究李达唯物史观经济学向度，对于构建从多角度解读唯物史观的研究范式、为人们提供研究经济学的指导方法，以及帮助人们理解马克思主义中国化过程等都具有重要的理论价值。

第一，它创立了从经济学向度去解读唯物史观的研究范式。马克思主义唯物史观是一个博大精深的理论体系，它有着多方面层次和丰富的内涵，人们可以从多个角度对其进行不同解读。在马克思主义唯物史观初步传入中国时候，由于中国早期马克思主义者接受途径和知识背景不同，因而他们对唯物史观的解读和运用各有侧重，各具特色，如：李大钊侧重结合历史学、陈独秀侧重结合政治哲学、蔡和森侧重结合人类学阐述唯物史观，等等。与他们不同，李达起初也是结合政治哲学对唯物史观进行解读，但在创建中国共产党和选择社会主义道路之后，他很快将理论重心转移到唯物史观阐释体系构建上来，他希望从整体上赋予唯物史观以中国特色，使中国人能够完整、系统、深入地把握这一科学的理论武器，李达也因此成为当时从经济学角度阐述唯物史观成就最大的人，也是第一人。也就是说，李达开创了从经济学向度去解读唯物史观的研究范式，这对唯物史观后来的发展，意义是显而易见的。

　　第二，它为人们提供了运用哲学理论去指导经济学研究的方法。李达首先是一位马克思主义哲学家，其次才是经济学家。在哲学与经济学关系上，李达坚持从经济学领域而不是从哲学中寻找革命根源，他相信"一切革命的原因，皆由生产交换的方法手段而生，不是人的智力发明出来的，也不是由抽象真理产生出来。简单说，社会革命不是在哲学中探求而得的，乃是发生于社会的经济状态之变动"①。不坚持以马克思主义哲学作为理论基础，李达经济学研究就失去了理论根基，正如河上肇在《马克思主义经济学基础理论》序言中所言，"马克思主义经济学，如果离开了那哲学的基础，要正常地理解它，是不可能的"②。同时，李达哲学又是中国早期马克思主义者中宣传唯物史观最有力、最为系统的哲学，相应地，李达经济学立足于唯物史观理论基础，是比较系统地研究当时中国经济现状的经济学，这也使他成为中国早期马克思主义者中最早、最系统地研究经济学的第一人。李达以唯物史观作为经济学研究方法论工具，以经济学为唯物史观研究提供具体材料，充分体现唯物史观与经济学研究之间的关系，为人们提供了运用哲学理论去指导经济学研究的思路和方法。

　　第三，它有助于人们全面地更好地理解马克思主义中国化过程。马克思主义中国化，就是把马克思主义基本原理同中国具体实际相结合的过程，就是运用马克思主义理论解决中国社会实际问题的过程，但是，马克思主义中国化内容是具体的、历史的。李达从经济学向度对唯物史观中国化进行展开，抓住了唯物史观理论基石，也抓住了中国革命问题关键。李达处于中国无产阶级革命时代，当时的最大任务就是要解决"中国向何处去"的历史难题。但是，什么是真正的马克思主义、怎样实现马克思主义？中国早期马克思主义者并不是很清楚，李达当时掌握理论的系统性，决定了他能够从整体上去把握并结合中国实际问题去思考。李达研究中国社会问题的出发点是马克思主义唯物史观，他注意到唯物史观中所讲的社会经济结构，所以李达经济学向度的生成过程也反映了李达哲学思想的中国化过程。李达主张经济学研究要与中国实践相结合，这使其经济学理论焕发出强大的生命力，也折射出整个马克思主义哲学的中国

_____

① 李达：《社会革命的商榷》，载《李达全集》第1卷，人民出版社2016年版，第43页。

② ［日］河上肇：《马克思主义经济学基础理论》，李达等译，昆仑书店1928年版，序言。

化，有助于人们全面地更好地理解马克思主义中国化过程。

2. 实践意义

研究李达唯物史观经济学向度，对正确认识当代经济现象、指导中国经济学研究，以及发展当代中国经济等也具有重要的实践意义。

第一，开展唯物史观经济学向度研究有助于我们正确认识当今世界经济发展走向。以 1867 年马克思《资本论》第一卷发表为标志，马克思主义经济学已经走过了 150 多年历程。在此过程中，科学技术经历了多次革命性飞跃，社会经济运行方式发生了重大变化，资本主义经济和社会主义经济都经历了新的发展，在当代呈现出更加复杂的关系。如何看待金融危机之后当代世界经济走向？如何看待当今世界资本主义和社会主义两种经济制度并存的发展趋势？马克思主义是科学的理论体系，李达经济学所揭示的马克思主义政治经济学基本原理仍能够帮助我们正确认识资本主义历史命运和社会主义发展趋势，更加坚定我们对马克思主义"两个必然"[①] 和"两个绝不会"[②] 真理性认识的信心。

第二，李达对唯物史观的经济学向度展开仍是研究当代中国经济学的重要方法。李达经济学的理论基础是马克思主义唯物史观，李达研究经济学的最根本方法是唯物辩证法，具体就是从抽象到具体的方法。在这里，马克思主义哲学是其经济学研究的理论基础，这些方法和原则在今天仍然适用，是由马克思主义哲学本身特性决定的。马克思主义哲学是整个马克思主义的理论基础，开展政治经济学研究当然要以哲学作为其理论基础。马克思主义唯物史观要求经济学研究必须坚持唯物主义观点，要求经济学研究必须坚持人类社会基本矛盾的观点、坚持历史辩证法的观点。一句话，研究中国经济，要善于从人类社会历史变动中分析经济现象，把握经济问题，探索经济规律。

第三，李达经济学思想方法和研究原则对推动当代中国经济发展仍具有重要启示。当代中国经济实践是生动的实践，特别是四十多年来我国坚持以经济建设为中心，使我国经济实力乃至综合国力都有了较大幅度提升。当前，中国经济已经跃升为世界第二大经济体，但是，中国经济从过去高速增长转为中高速增长已呈新常态。如何认识这些现象和中国政府当下的经济政策？李达经济学思想方法和研究原则启示我们，发展中国经济必须要注意研究中国经济实际，只有这样才能正确理解中国经济发展进程，明确中国当下经济政策。我们必须

---

① "两个必然"：是指马克思、恩格斯在《共产党宣言》中提出的"资产阶级的灭亡和无产阶级的胜利是同样不可避免的"论断。

② "两个绝不会"：是指马克思在 1859 年写的《〈政治经济学批判〉序言》中提出的"无论哪一个社会形态，在它所能容纳的全部生产力发挥出来以前，是决不会灭亡的；而新的更高的生产关系，在它的物质存在条件在旧社会的胎胞里成熟以前，是决不会出现的"重要思想。

学会在马克思主义尤其是唯物史观指导下研究中国经济发展状况，寻求中国经济更好地发展。

第二节　国内外研究概况

李达是中国马克思主义发展史上的著名代表人物。这些年，学术界一直关注他并对其思想进行了创造性解读，为我们进一步研究唯物史观视域下的李达经济学思想奠定了基础。现将国内外的有关研究概况梳理如下。

一、国外研究概况

国外对于李达及其唯物史观和经济学思想的关注较早，但总的来说研究成果不是很多。1929 年，《中国产业革命概观》出版后，很快就被译成俄、日等国文字，受到国外关注；虽然文字不多，但这却是将李达经济著作或李达的经济学思想与国外联系起来的最早记录。除此之外，我们能发现的国外专门研究李达经济学或李达经济学思想的资料并不多见，至于专门从唯物史观视域对李达经济学思想进行系统研究的资料更是少之又少。

目前，国外学者能够涉及李达和李达经济学思想研究的，最主要的代表当数澳大利亚格里菲斯大学（Griffith University）学者尼克·奈特（Nick Knight）。1996 年他发表的《李达与马克思主义哲学在中国》[①]；2005 年，他又在荷兰发表了《马克思主义哲学在中国：从瞿秋白到毛泽东，1923—1945》[②]。尼克·奈特在他的两本著作中，从研究马克思主义哲学在中国传播的角度，介绍到李达及其哲学贡献，提到了李达经济学思想。其次，国外研究李达及其思想的另一位代表人物，要数苏联的 B. T. 布罗夫，他著有《李达与马克思主义社会学》一书。此外，美国著名的左派学者、美国杜克大学阿里夫·德里克（Arif Dirlik）教授在分析马克思主义史学起源时，也提到李达从事中国近代经济史研究的原因。归纳他们的研究成果，其内容大致集中在以下几个方面。

1. 李达经济学思想的理论基础研究

尼克·奈特在《李达与马克思主义哲学在中国》中从十一个方面介绍了李达及其思想发展轨迹。从内容上看，全书通篇是在介绍李达推动马克思主义哲

---

① Nick Knight: Li Da and Marxist Philosophy in China, Boulder, Colorado: Westview Press, 1996.

② Nick Knight: Marxist Philosophy in China—From Qu Qiubai to Mao Zedong, 1923—1945, Springer, 2005.

学中国化的历史过程，但书中在阐述马克思主义哲学理论时，也涉及李达经济学思想的理论基础，只是没有专门展开，更没有从唯物史观角度论述李达经济学思想。

B. T. 布罗夫则在《李达与马克思主义社会学》中指出，李达的《现代社会学》是"20 年代阐明科学社会学原理最早的马克思主义著作之一"①。这是苏联学者从社会学角度对李达进行研究的成果，这里所指的科学社会学就是李达的唯物史观，说明已有国外学者关注到李达重视唯物史观的方法论作用，这就暗喻着李达从唯物史观出发，深入到包括经济学在内的其他领域进行研究的可能性。

2. 李达经济学思想的基本内容研究

尼克·奈特在《马克思主义哲学在中国：从瞿秋白到毛泽东，1923—1945》一书中，第八章专门以《李达与马克思主义哲学中国化》为标题，从"李达1931 年前的哲学著作""翻译与马克思主义哲学中国化""社会元素"和"毛泽东：社会元素的影响"等方面，归纳了李达对马克思主义哲学中国化所做的贡献。其中，"社会元素"部分明确地论及李达经济学思想。奈特肯定了李达的《社会学大纲》继承了马克思主义涉及各领域的传统，其中就包含有"社会经济结构"。他指出，"人是社会性动物，人类的生存与社会经济生产形式密切相关"，"政治和社会意识形态不只是被动的社会实体，也不是机械地被社会经济生产力创造，相反它们能够影响经济结构"，"促进或阻碍经济发展的能力最终还是取决于经济基础"②。在这里，尼克·奈特把社会经济结构视为社会构成元素的一个重要组成部分，并指出了经济结构与政治结构、意识形态结构之间的相互联系和彼此影响，进而指出经济基础在人类社会发展中的决定作用，这与李达理解的唯物史观视域下的社会经济结构是一致的。这种既重视李达唯物史观研究，又重视李达经济学思想研究的状况，说明有国外学者已经关注到李达唯物史观的经济学向度，这很难能可贵。研究李达经济学思想，必须高度重视其思想之间的联系。

3. 李达经济史研究的动因研究

国外学者对李达在经济史方面贡献的研究，最主要代表是美国学者阿里夫·德里克，他在分析马克思主义史学起源过程时，提到了李达研究中国近代经济史的原因。德里克认为，李达之所以从事中国近代经济史研究，除了与他早年在理论探索过程中养成的学术旨趣有关以外，还与他在中国大革命失败以后对

---

① B. T. 布罗夫著，孙爱媛译：《李达与马克思主义社会学》，亚非人民出版社 1986 年版。
② 尼克·奈特著，汪信砚、周可译：《李达与马克思主义哲学在中国》，人民出版社 2018 年版。

中国革命前途和人民命运的密切关注相关。这些分析，初步探索了李达经济学思想形成的渊源，分析了李达研究经济史的最初动因，明确地指出了李达研究经济史的目的。当然，这些分析也指出了李达立足于中国经济社会实际，在探索中国经济规律的特殊性方面所做出的努力。这些研究，对本书的写作也具有重要启示。

以上研究成果，在一定程度上反映了国外学者对李达及其经济学思想研究的关注，至于必须选择从哪种角度，或者研究成果必须达到哪种深度，我们就不勉为其难了。不过，国外学者已开始注意研究李达的哲学思想与经济学思想之间的关系；他们在探索李达经济学思想的理论基础，以及从探索李达的哲学思想扩展到探索李达经济学思想方面，已经迈出了非常可贵的一步。这些研究成果及方法，对于我们即将展开的唯物史观视域下的李达经济学思想研究，具有重要的参考价值和借鉴意义。

二、国内研究概况

近些年来，随着对李达研究的持续深化，国内学术界的相关研究广泛地涉及了李达思想的方方面面，不断丰富着李达思想研究的体系。从唯物史观视域去研究李达的经济学思想的研究，掺杂在各种专著、论文及零零散散的论述中。下面，我将择其要而述之。

1. 对李达研究经济学的目的的研究

探究李达研究经济学的目的，也是研究李达经济学思想的逻辑起点。目前，学界对此问题的研究，大致可分为两种情况。

第一种观点认为，李达研究经济学的目的是出于中国革命理论的需要。此派观点的学者，以陶德麟、汪信砚、尹进等为代表。

武汉大学陶德麟教授在纪念李达九十五周年诞辰时发表的《杰出的马克思主义理论家和教育家》一文指出，李达在《经济学大纲》就提出"中国现代经济研究的必要"，因为整个中国经济生存都有朝不保夕的危险。处此状态下的中国人究竟怎样图存呢？基于这种思考，李达认识到"必须有正确的理论做实践的指导"[①]，这就是李达撰写这部著作的目的。

武汉大学汪信砚教授在《李达开创的学术传统及其意义》中也提到李达早年主张党内对马克思学说多做一番研究，"以求对于革命理论得一个彻底的了

---

① 陶德麟：《杰出的马克思主义理论家和教育家》，载《陶德麟文集》，武大出版社 2007 年版，第782 页。

解"①。汪教授这里指出了李达研究马克思主义理论及中国经济问题的最初认识水平，也指出了李达决心从事理论研究和探究中国经济问题的原初动因。

李达当年的学生、武汉大学尹进教授在谈及李达写作《货币学概论》的动因时，也引用了李达观点：世界金本位制崩溃阶段，"为了有力地批判各种错误看法……我要写这样一本书，目前中国还没有这样的书，需要这样的书"②。尹教授在这强调了李达研究货币经济学的理论动机，从侧面说明了李达研究经济学的目的。

第二种观点认为，李达研究经济学的目的是中国革命实践的需要。持这一派观点的学者，以尹世杰、罗海滢等为代表。

首先，学界认为李达早在 20 世纪 20 年代致力于理论学习时就有明确的目的。他在《经济学大纲》中指出："是为了促进中国经济的发展才研究经济学"，"是为了求得社会的实践的指导原理"③。李达的这一观点在不同场合多次被引用，而且研究者们还做了进一步发挥，认为李达研究经济学的路径是自经济学开端，进而通过分析中国社会革命的必要性，最终得出政治革命的结论，即李达从学术研究出发引申出政治革命的意义。

湖南师范大学尹世杰教授在《略论李达的经济思想》中也持有上述类似观点。他认为，李达强调理论结合实际，主张"为了经济上的实践才研究经济学"④。即是说李达是为了达到指导中国革命实践的目的，才去研究中国社会和经济学的。

南方医科大学罗海滢博士在《李达经济学思想概观》中也指出，"正是因为重视经济学研究，李达能够更好地解析社会问题……为中国革命实践提供了重要的理论资源"⑤。这些论述说明了李达研究经济学的直接目的在于了解中国社会性质和中国革命性质，最终目的是为中国革命实践提供理论指导。

2. 李达经济学思想形成条件的研究

唯物史观对一种思想或理论形成的考察，通常从客观和主观条件方面着手，研究李达经济学思想的形成也是如此。

一是侧重考察李达经济学思想的时代背景。此派以苏志宏、罗海滢、丁兆梅等为代表。

① 汪信砚：《李达开创的学术传统及其意义》，载《哲学研究》2010 年第 11 期。
② 尹进：《李达〈货币学概论〉的写作前后及出版的伟大意义》，载《经济评论》1991 年第 5 期。
③ 李达：《经济学大纲》，载《李达全集》第 13 卷，人民出版社 2016 年版，第 12 页。
④ 尹世杰：《略论李达的经济思想》，载《武汉大学学报（哲学社会科学版）》2012 年第 65 卷第 4 期。
⑤ 罗海滢：《李达经济学思想概观》，载《湖北社会科学》2007 年第 9 期。

西南交通大学苏志宏教授在《李达思想研究》中认为，李达的杰出理论思维价值"是时代和社会的产物，不可避免地带有其所处历史潮流的痕迹和烙印"①。关于时代背景和社会条件，李达将其概括为现代社会或工业文明缩略语的"现代性"，即发生包括经济制度在内的经济社会变革和社会转型。这种必须考察李达思想时代背景和社会条件的要求，也适用于对李达经济学思想形成条件的考察。

罗海滢在其《李达经济学思想概观》中指出，"李达转向经济学研究有着理论与实践的多方面原因"②。其中，她将李达经济学思想形成的背景概括为两个方面：一是中国民族资本主义有了一定发展，二是各种社会矛盾和问题也有集中反映。我们可以在此基础上对其进行进一步细化和充实。

山东师范大学丁兆梅博士在《李达社会主义思想研究》中，从国际国内两个方面分析了李达社会主义思想形成背景，这种方法也适用研究李达经济学思想。

二是重视考察李达经济学思想的理论渊源。丁晓强、李立志等学者认为，李达经济学思想的形成既受到国外学者的影响，也有李达自己独立的思考。

同济大学丁晓强、李立志在《李达学术思想评传》中对李达学术渊源进行过概括：一是中国传统哲学的影响；二是日本、欧洲与苏联学者的影响。他们循着这种思路对李达经济学思想的理论渊源进行详细考察，他们引用李达说的"河上肇是我的老师，我的经济学是从他那里学来的"③，来证明李达经济学思想与其师在学术上的渊源，强调了河上肇对李达学术旨趣的影响。这两位专家还介绍了日本其他学者的著作，如高畠素之的《社会问题总揽》、安部矶雄的《产儿限制论》、高柳松一郎的《中国关税制度史》等，分析了它们对李达思想的影响。

不仅如此，丁晓强、李立志还强调，李达经济学思想的形成还是他本人十分重视原著学习的结果，如李达对唯物史观和经济学说的学习，"并没选择日本学者的著作，而是直接选择了欧洲的马克思主义学者的著作"④，李达还直接翻译了苏联学者的著作等。

三是考察李达经济学思想的理论个性。李维武、丁晓强、李立志等学者认为，李达经济学思想的形成与李达的独特理论个性有联系。

① 苏志宏：《李达思想研究》，西南交通大学出版社2004年版，第3-4页。
② 罗海滢：《李达经济学思想概观》，载《湖北社会科学》2007年第9期。
③ 江明：《展读遗篇泪满襟——记李达和吕振羽的交往》，载《文献》1980年第4辑。
④ 丁晓强、李立志：《李达学术思想评传》，北京图书馆出版社1999年版，第148页。

武汉大学李维武教授在《李达对唯物史观的多向度展开》①中指出，中国早期马克思主义者对唯物史观的解读和运用各有侧重，各具特色，如李达的《现代社会学》总结了李大钊的《史学要论》、蔡和森的《社会进化史》、杨明斋的《评中西文化观》之维度，对唯物史观作了更系统的理解和更全面的说明。李维武教授既揭示了中国早期马克思主义者普遍重视唯物史观研究的史实，又凸显了李达阐述唯物史观的理论个性。

丁晓强、李立志也指出，李达曾主张实业救国，在他成为马克思主义者后，本着马克思主义唯物史观，十分重视生产力对于社会发展的根本性意义。"李达对经济学研究的着力，表明他对马克思主义唯物史观核心的把握，形成了生产力是社会发展的最终决定因素的强烈信念。"②这是对李达重视生产力并结合中国实践研究中国经济问题的概括，指明了李达研究经济学的独特之处。

3. 李达经济学思想理论基础的研究

学界普遍认为，李达以唯物史观为指导，在经济学、法学、史学、社会学等人文社会科学领域展开了广泛研究，反过来，这些研究又为唯物史观提供了具体材料，丰富了唯物史观内涵。其中，李达把传播唯物史观与经济学研究结合起来，以唯物史观指导分析中国经济现状，阐释中国经济发展规律，进而又以唯物史观为指导探索中国革命道路。这些观点突出地表现为以下两种情况。

一是强调李达研究哲学与研究经济学在学理上的必然联系。这方面的观点，又大致可以分为两类，分别以武汉大学汪信砚、李维武为代表：

第一类观点，从整体上强调李达研究哲学与研究人文社会科学之间的关系。汪信砚教授在《李达哲学探索的独特理论个性》中指出，李达是"中国最早注重对马克思主义理论进行整体性研究"③的人。这里强调了李达哲学探索立足于马克思主义整体性联系，概括了其与人文社会科学的关系，同样适用于唯物史观与李达经济学关系研究。

第二类观点，强调李达研究唯物史观与研究经济学直接相结合。李维武教授在《李达对唯物史观的多向度展开》中指出，"李达唯物史观的经济学向度予以特别的重视"④。还认为，李达在《社会学大纲》中十分重视唯物史观与经济学的联系，在马克思的《资本论》中也有体现。由此强调，李达自觉地把哲

① 李维武：《李达对唯物史观的多向度展开》，载《武汉大学学报（人文社会科学版）》2011年第64卷第1期。
② 丁晓强、李立志：《李达学术思想评传》，北京图书馆出版社1999年版，第151页。
③ 汪信砚：《李达哲学探索的独特理论个性》，载《哲学研究》2011年第12期。
④ 李维武：《李达对唯物史观的多向度展开》，载《武汉大学学报（人文社会科学版）》第64卷第1期。

学研究与经济学研究结合了起来。

二是强调唯物史观与李达经济学思想的关系是理论基础与具体材料的关系。这种观点明确了李达经济学思想是在唯物史观基础上形成的，并从方法论高度强调唯物史观对李达经济学思想形成的作用，也从唯物史观传播途径角度强调了李达展开经济学研究的重大意义。此类观点，主要以罗海滢、黄修卓等为代表。

罗海滢博士在其《唯物史观与李达中国经济问题研究》中专辟一章，从唯物史观是经济学研究方法论以及与经济学结合是唯物史观传播新路径角度，揭示了唯物史观与经济学研究的关系。她认为"正是在哲学与经济的结合中，马克思走向历史的深处"①。她认为李达继承了马克思的特质，提出了以唯物史观为经济学研究提供方法论，以经济学研究为唯物史观提供具体材料，使唯物史观与经济学研究双双走向深度结合的观点。罗海滢还指出李达在有关中国现代社会经济史的两篇长文中，"已经娴熟地运用唯物史观分析中国社会现实和经济事实"②。

黄修卓在《李达唯物史观研究论析》中也说得明白，李达"以唯物史观改造经济学"③，进一步指明了唯物史观是李达经济学思想的理论基础，这对我们继续研究唯物史观与李达经济学思想的关系很有启发。

4. 李达经济学思想主要内容的研究

学界这些年对李达经济学思想内容的研究，已经涉及产业经济学、政治经济学、货币金融学、经济学史等多个方面。根据不同时期学者的概括方式不同，大致可以作出如下区分：

第一种是直接就李达经济学思想的内容本身进行概括。具体细分，又可分为"四方面说""五方面说"和"六方面说"等几种情况。

以湖南新湘评论杂志社唐春元为代表的"四方面说"④，即依据马克思主义经济学原理，从经济学角度论证了社会主义是中国的唯一出路；研究和探讨了政治经济学的研究目的；最早系统准确地阐述了《资本论》的基本原理；初步探讨了社会主义经济及其科学体系。这是较早时期对李达经济学思想主要内容研究的总结，反映了学界 20 个世纪 90 年代之前的研究水平。

① 罗海滢：《李达唯物史观思想研究》，暨南大学出版社 2008 年版，第 114-115 页。
② 罗海滢：《李达经济学思想概观》，载《湖北社会科学》2007 年第 9 期。
③ 黄修卓：《李达唯物史观研究论析》，载《武汉大学学报（人文社会科学版）》2010 年第 63 卷第 3 期。
④ 唐春元：《李达研究综述》，载《零陵师专学报》1989 年第 4 期。

以复旦大学叶世昌和马涛为代表的"五方面说"①，即建党前后的经济思想、中国产业革命论、中国经济史论、研究马克思主义经济学的成果和货币论。这种概括在一定程度上反映了21世纪到来之际的学界研究成果。

以湖南师范大学尹世杰为代表的"六方面说"②，即如何研究经济学、生产力与生产关系及其相互关系、资本主义社会和经济、产业革命、社会和生态环境对经济发展的作用、研究社会经济理论的最终目的。这种概括较之前有很大进步，尤其是从生态角度进行的概括，说明李达已有现代生态学研究的意识和观点。

第二种是通过研究李达经济学著作对其经济学思想内容进行概括。通过经济学著作着手研究李达的经济学思想，引起了学者们的普遍关注。重点表现为下述两种情况：

一是对《经济学大纲》内容的概括。丁晓强和李立志指出，《经济学大纲》原计划写四部分，但由于战乱等原因，本书只完成了前两部分：第一部分先资本主义社会经济形态，第二部分资本主义经济形态。尽管如此，该书仍有诸多创新，如提出"广义经济学"概念，认为经济学研究对象是"社会经济构造"③，这些对此后的经济学研究具有重要意义。武汉大学朗庭建博士就在《马克思主义经济学中国化的标志性成果》中就《经济学大纲》内容展开了讨论。

二是对《货币学概论》内容的概括。丁晓强、李立志指出，《货币学概论》体系严谨、内容完备。该书既借鉴《资本论》内容和体例，又吸收了最新的帝国主义理论和经济危机理论，还提出了不少独到论断。

5. 李达经济学思想基本特征的研究

学界对于李达经济学思想特征的概括也是精彩纷呈，不同时期学者对此做了不同角度的归纳。这些观点，大致可以分成以下三类情况：

第一类是从整体上归纳的两类特征观。这一类主要以宋镜明、汪信砚为代表，侧重从李达经济学思想与马克思主义原理的关系进行分析。

武汉大学宋镜明教授在《李达》④中将李达经济学思想概括为两大显著特点：一是能够准确地概括马克思主义经济学原理；二是将生产力与生产关系视为内容与形式的关系。从内容上肯定了李达对马克思主义政治经济学的阐述与

① 叶世昌、马涛：《李达在民主革命时期的经济思想》，载《河南师范大学学报（哲学社会科学版）》2000年第6期。

② 尹世杰：《略论李达的经济思想》，载《武汉大学学报（哲学社会科学版）》2012年第65卷第4期。

③ 丁晓强、李立志：《李达学术思想评传》，北京图书馆出版社1999年版，第78-81页。

④ 宋镜明：《李达》，河北人民出版社1997年版。

继承，也揭示了生产力与生产关系在李达经济学思想中所占的重要地位。

汪信砚教授在《李达哲学探索的独特理论个性》中指出李达经济学研究有两个显著特点，即注重运用马克思主义哲学家的理论和方法、紧密联系中国实际。这是从哲学方法论角度进行的概括，具有重要的参考价值。

第二类是从整体上归纳的三类特征。这一类主要以罗海滢为代表，偏重于从经济哲学角度分析李达经济学思想的特征。

罗海滢将李达经济学思想特点归纳为三个方面，即保持一贯的经济学研究目的、坚持哲学为经济学研究提供方法论、重视总结理论研究的规律。这些思想特点的归纳，整体上揭示了李达经济学思想的某些特征，为我们进一步开展研究提供了参考。

第三类是从部分上归纳的两类特征。这一类主要以李守庸、王毅武为代表，他们专注于李达经济学思想的某些方面特征。

武汉大学李守庸教授在论及《经济学大纲》时，以《一部在传播马克思主义政治经济学上作过重大贡献的著作》[①]为题，列举了李达经济学思想的两个值得重视的特点：一是根据恩格斯《反杜林论》中的指示，提出撰写广义政治经济学的宏博构想；二是依据马克思的《资本论》前三卷和列宁的帝国主义理论，对资本主义经济形态进行分析。这两个特点，既指明了李达经济学思想与经典作家经济学思想的渊源，也突出了李达经济学思想的独特研究视角。

海南大学王毅武教授在《李达的社会主义经济思想研究》中指出，"李达不仅在哲学上造诣较深，是我国著名的马克思主义哲学家，而且在经济学方面也颇有建树，是我国经济思想领域中作出过重大贡献的经济学家"[②]。据此，王教授把李达经济学思想的特点归纳为两个方面：一是富有理论深度，即李达对马克思主义原理的系统学习和深入研究较为准确和精当；二是带有哲学色彩，即李达阐明经济原理时往往能够娴熟地运用马克思主义哲学观点和方法。

除上述内容外，学界对李达经济学思想的发展脉络、历史地位和价值、传播路途、方法论与创新点，及李达经济学思想中国化、李达经济学著作译著研究等都有不同程度的涉及。这里限于篇幅，不再一一展开。

国内外学者们的相关研究成果，为进一步开展唯物史观视域下的李达经济学思想研究奠定了基础，也为进一步深入开展李达经济学思想研究提供了可能。但在承认学界重视李达经济学思想研究并取得了丰硕成果的同时，我们也要看

---

① 李守庸：《一部在传播马克思主义政治经济学上作过重大贡献的著作》，载《为真理而斗争的李达同志》，武汉大学出版社 1985 年版，第 140–147 页。

② 王毅武：《中国社会主义经济思想史简编》，青海人民出版社 1988 版。

到，目前的研究中也存在着明显不足。

第一，研究成果总量不多。综合上述成果和目前能查到的相关研究资料来看，直接研究李达经济学思想的成果总量不多。如：较早的有茜萍发表的《经济学和社会学名教授李达》、李守庸发表的《一部在传播马克思主义政治经济学上作过重大贡献的著作》、严清华发表的《李达的社会主义商品经济观》、尹进发表的《李达〈货币学概论〉的写作前后及出版的伟大意义》，21世纪以来陆续发表的有叶世昌和马涛合发的《李达在民主革命时期的经济思想》、罗海滢发表的《李达经济学思想概观》、尹世杰发表的《略论李达经济思想》等。目前能搜索到的相关学位论文也不多，仅有华东师范大学卢琼的《论李达的近代中国经济史研究》、上海师范大学杨榆的《李达经济思想研究》、湖南师范大学夏继业的《李达经济哲学思想研究》和武汉大学刘会闯的《李达经济思想研究》等。可喜的是，2014年以来，武汉大学"《李达全集》整理与研究"课题组汪信砚教授等，发表的《李达传播马克思主义的重要史实勘误》系列，对李达是否翻译过相关著作进行了考辨；《马克思主义经济学中国化的开启之作》，对《中国产业革命概观》进行了探讨；《马克思主义经济学中国化的标志性成果》《李达对中国近代经济史的探索》，分别对李达的《经济学大纲》和两篇经济史论文进行了考察；《李达与马克思主义经济学中国化》，对李达对马克思主义经济学中国化的贡献进行了论证；《李达年谱》，对李达生平和学术研究线索进行了呈现，等等。总体上来说，学界目前对李达经济学思想的研究与他实际所取得的经济学成就还远不匹配，这也正是笔者选择李达经济学思想进行研究的动因之一。

第二，研究深度整体不够。上述研究成果，除了几篇学位论文较为系统外，其他论文多是从某一侧面或阶段进行阐述，这在某种程度上反映了对李达经济学思想研究深度还不够。我们可以从研究的形式和内容两方面来分析。在形式上，目前整理出来的比较有影响的经济学专著有三部，经济学译著有七部，经济学论文十余篇。在数量不多的论文中，研究着眼点也多放在对李达经济学思想的概括、形成及发展等方面，这表明深度研究基本上还处于起步阶段。在内容上，目前主要集中在李达学习、宣传和研究马克思主义政治经济学方面，其成果多是在探讨李达怎样阐述与解读政治经济学，而对其他方面的研究甚少，如对已确认的李达经济学译著还缺乏较为深入细致的研究，没有把李达经济学思想作为整体系统地进行研究，还没有一部像样的专著等。因此，我们很有必要对李达经济学思想展开进一步研究。

第三，基于唯物史观视域的研究明显不足。综上所述，目前学界对李达经济学思想研究视域尤其是唯物史观视域研究还明显不足。如在李达不同时期的三部哲学名著《现代社会学》《社会学大纲》《唯物辩证法大纲》中，李达已在多处强调唯物史观是经济学研究的理论基础，并设有"社会经济构造"等专门章节，但从唯物史观视角对李达经济学思想展开研究的成果，目前还屈指可数。实际上，若从唯物史观视域对李达的政治经济学、产业经济学、货币经济学、农业经济学、土地经济学、经济史等领域的成就进行系统研究，就可以大致勾勒出李达经济学思想体系，所以从唯物史观视域展开对李达经济学思想研究还有很大空间。

上述研究中的不足，正是我们进一步开展研究的出发点。笔者坚信，我们能在某些方面做出自己的成绩，也一定能在弥补研究缺陷上做出自己的贡献。

第三节　研究思路

李达经济学思想具有鲜明的理论底色。他特别重视唯物史观，并对唯物史观经济学向度做了广泛的研究。学者们认为，作为中国早期的马克思主义理论大家，李达在哲学、经济学、法学、历史学、社会学等领域都有突出贡献，其中，唯物史观贯穿其整个学术生涯，经济学是他特别关注的领域。这种研究特点与李达的学术路径密切相关，他从思考"中国出路"问题出发，早年学习宣传马克思主义理论，先是关注科学社会主义研究，次而转向唯物史观研究，最后结果是哲学与经济学研究都取得了显著成就，唯物史观始终是其学术研究主线。

确定李达经济学思想的研究思路，最重要的是要明确，在唯物史观视域下进行李达经济学思想研究要坚持以马克思主义历史唯物主义作为理论基础。这种研究思路的出发点和落脚点在于认识中国经济现象、把握中国经济规律，进而为解决中国经济问题、发展中国经济提供理论武器。基于上述理解，本书将分四个部分对李达经济学思想展开研究。

第一章李达探索经济学的时代背景与思想历程。本章将从时代背景、理论背景和理论基础三个方面对李达探索经济学的过程进行考察。其中，时代背景，侧重分析近代中国经济社会发展状况和近代中国文化思潮对李达经济学思想的影响；理论背景，重点分析中国传统思想文化与湖湘文化的影响，强调马克思主义在中国的传播，尤其是唯物史观在中国的传播对李达经济学思想形成的影响；思想历程，按照时代顺序分析李达经济学思想发展过程，分别指明 20 世纪初：李达经济学思想维度的生成；20 世纪 20 年代前后：李达经济学思想的确立；20 世纪 30 年代："红色教授"经济学思想的多方面展开；20 世纪 40 年代及其以后：李达经济学思想的发展。

第二章李达经济学思想的理论基础。本章将按照李达在不同时期发表的有代表性的经济学著作顺序，通过文本解读形式，分别从唯物史观与李达对中国产业革命的探索、唯物史观与李达对马克思主义政治经济学的研究、唯物史观与李达对中国马克思主义货币学的开拓、唯物史观与李达对中国现代经济史的考察等方面，对李达在产业经济学、政治经济学、货币经济学、中国现代经济史上的贡献进行阐述，基本点在于强调唯物史观是李达经济学思想的理论基础。最后还考察了唯物史观与经济学译著关系，阐明那些译著对李达经济学思想生成的影响。

第三章李达经济学思想的基本内容。该章将根据李达的经济学研究对象与研究范围，以及李达在产业经济学、政治经济学、货币经济学、中国现代经济史、社会主义和共产主义经济等方面所取得的成就，对李达经济学思想的基本内容进行概括。其中，在研究对象与研究范围上，阐明李达经济学研究对象是社会经济构造，研究范围是广义经济学；在产业经济学研究上，通过概括中国产业革命进程，以《中国产业革命概观》为代表，对李达的产业经济学思想进行概括；在政治经济学研究上，从考察各种社会经济构造出发，重点以《经济学大纲》为代表，对李达的政治经济学思想进行概括；在货币经济学研究上，从揭示世界金本位制崩溃出发，以《货币学概论》为代表，对李达的货币经济学思想包括金融学思想进行概括；在经济史研究上，从概括中国现代经济发展历程及特点出发，通过重点分析李达的两篇中国现代经济史论文，对李达的中国现代经济史观点进行总结；在社会主义和共产主义经济研究上，从介绍共产主义两阶段关系出发，以《正确认识由社会主义向共产主义过渡的问题》为代表，揭示社会主义和共产主义经济的区分与联系。

第四章李达经济学思想的基本特征、主要贡献和当代价值。该章在总结李达经济学思想基本特征上，将其概括为理论性、实践性、目的性、系统性和整体性等方面；在总结李达经济学思想主要贡献上，将其概括为扩展了经济学研究对象和研究范围、开创了马克思主义经济学中国化的研究范式、拓展了部门经济学的研究、开拓了中国货币学研究的新领域、考察了中国近代经济史的发展、探索了共产主义两个阶段经济建设的规律等方面；在总结李达经济学思想当代价值上，将其归纳为开展当代中国经济学研究的宝贵经验、观察当代经济全球化的认识工具、推动中国特色社会主义经济建设的理论指南、正确认识当代资本主义新变化的观察工具等。

第一章　李达探索经济学的背景与思想历程

时代背景是一个时代存在和发展的历史条件和现实状态，内容上包括经济、政治、文化、社会等各个方面。李达探索经济学的时代，正值中国经历"数千年未有之变局"、中国社会面临着向何处去、中国革命风起云涌的时代。那个时代，伴随着西方列强的入侵，中国经济凋敝、政治腐败、思潮泛滥，社会一步步地陷入半殖民地半封建社会的深渊；那个时代，封建统治阶级、农民阶级、资产阶级、无产阶级等社会各阶级都试图用改良或革命手段探索中国的出路；中国效仿西方以挽救国家和民族命运的活动都没有成功，中国共产党人最终选择了学习俄国，走俄式革命道路。"十月革命一声炮响，给中国送来了马克思列宁主义"[①]。中国先进知识分子选择马列主义的目的是为了寻求救国救民的真理，李达早年学习、宣传和研究唯物史观和经济学，正是由此起步，从一名爱国主义者转变成为马克思主义者。在新民主主义革命和社会主义建设过程中，李达关注经济学、研究经济学，兴趣不减，初心不变，致力于推动马克思主义经济学中国化，形成了独具个性的经济学思想体系，成为一位著名的马克思主义经济学家。

第一节　李达探索经济学的时代背景

从 1840 年鸦片战争开始，西方列强通过一系列侵华战争使中国社会陷入了半殖民地半封建社会深渊。李达童年和青少年时代，就生活在帝国主义侵略和封建主义衰落的历史阴影中，青年李达追求"教育救国""实业救国""科学救国"的梦想先后破灭后，转而专攻马克思主义，并对唯物史观和经济学产生了浓厚兴趣。他在理论学习中形成了以革命手段去改造中国社会的观点，也形成了从社会经济形态演变规律中去寻找推动社会发展力量的思想。经过不断的努

[①] 毛泽东：《论人民民主专政》，载《毛泽东选集》第四卷，人民出版社 1991 年版，第 1471 页。

力，李达成长为同时代中比较系统地掌握马克思主义理论的先驱者之一。

学成归国的李达抱着"寻找同志干社会革命"[①] 的目的，很快融入中国革命队伍的行列，成为中国共产党创始人之一。他通过翻译、出版、撰写等方式，以马克思主义为理论武器，试图回答中国社会革命问题，成为中国早期马克思主义中国化的理论先驱之一，是那时宣传马克思主义唯物史观和马克思主义经济学的最主要传播者之一。中共二大以后，李达到湖南自修大学任学长，到湖南法政专门学校（后改为湖南大学法科）任学监兼教授，主讲唯物史观。"著名共首，曾充大学教授，著有《现代社会学》，宣传赤化甚力"[②]。大革命失败后，在白色恐怖下，李达于1927—1932年在上海法政学院、暨南大学讲授社会学（即唯物史观）和政治经济学，译介多部经济学著作，著有《中国产业革命概观》等著作。抗战爆发前后，李达在北平从事经济学教学与研究。1932—1937年，他先后担任北平大学法商学院教授兼经济系主任、中国大学教授兼经济系主任、朝阳大学教授，写成了"四大名作"[③]，发表《中国现代经济史序幕》等论文，成为"经济学和哲学名教授"[④]。1938年，李达到桂林任广西大学经济系教授兼系主任。日本攻陷零陵后，李达待在家乡及逃难日子里仍然没有间断经济学研究，撰有《中国社会迟滞的原因》等论文。这些经历，为李达形成系统的经济学思想奠定了坚实基础。1947年，李达到湖南大学法学院教书，"当局不准他讲授熟悉的社会学和经济学，而要他讲法理学"[⑤]。新中国成立后，李达继续关注新中国经济建设，热情赞扬新中国经济建设伟大成就，继续坚持从唯物史观视角阐述社会主义和共产主义经济建设规律。李达探索经济学的动因，具有明显的时代自觉特征。

一、中国近代经济社会发展状况

李达生活的时代，正是帝国主义侵略日益加深、封建制度日益腐朽的时代。帝国主义侵略打断了中国经济社会的发展进程，中国经济社会退化使人民大众陷入了痛苦的深渊，中国人民反抗外侮推动了仁人志士们不断探索中国的出路。李达的成长与思想变化皆与此相关。

---

① 李达：《自传》，载《李达全集》第17卷，人民出版社2016年版，第397页。
② 《湖南清乡总报告》卷3，1928年，现存于湖南省博物馆。
③ 李达的"四大名作"指20世纪30年代李达在北平从事教学期间写成的《社会学大纲》《社会进化史》《经济学大纲》《货币学概论》四部著作。
④ 茜苹：《学人访问记——经济学社会学名教授李达》，载《世界日报》1935年1月30日。
⑤ 石曼华：《怀念李达》，载《一代哲人李达》，岳麓书社2000年版，第27-28页。

1. 帝国主义侵略打断了近代中国经济社会发展进程

鸦片战争以前，中国社会是一个经历了多个王朝、持续了两千年之久、比较单一的封建社会。单就社会经济形态来看，中国经济在世界经济的地位，经历了从世界先进（两汉）到世界第一（唐宋），又从世界第一到世界前列（明代中期），再从世界前列到后进国家（鸦片战争前约两三百年）①的历程，封建社会自给自足的小农经济一直占据绝对主导地位，商品经济在中国封建社会内部有了缓慢的发展，但始终没有成为主导。

西方列强的侵略使中国社会闭关锁国的状态被打破，封建社会自给自足的小农经济开始破产，近代中国社会一步步地陷入了半殖民地半封建社会深渊，也彻底改变了中国人民的命运，打断了中国民族资本主义发展进程，中国经济在封建主义和帝国主义双重压迫下，走上了曲折而又艰难的发展道路。帝国主义国家利用一系列不平等条约，在中国攫取了广泛的政治、经济和文化权力，破坏了中国主权和领土完整。帝国主义侵华的目的不是帮助中国发展资本主义，而是为了将中国纳入其世界范围的殖民体系，成为他们销售商品、获取原料、掠夺财富的地方，成为他们奴役中国人民、扩大势力范围的附庸。列强入侵使中国社会经济结构、政治结构、阶级结构和社会矛盾等都发生了根本性变化，独立的封建经济形态开始向依附半依附的经济形态演变。这些景况既是造成中国近代社会中国人民苦难的原因，也是中国社会各阶级纷纷寻求出路的动因，更是中国无产阶级革命的历史背景。

李达童年和青少年时代，就生活在甲午战争和八国联军侵华战争的阴影中，深切体会到国家被列强入侵的痛苦。在永州中学读书时，当他与同学们收到徐特立断指血书的信息，就表现出异常强烈的爱国激情，他们当即商定两项反帝爱国行动：抵制日货和练军事操。李达在日本求学期间，也受到歧视和侮辱，他发誓终生不为日本人服务。回国请愿活动的失败，使他彻底放弃了"实业救国""科学救国"的梦想。李达从一个爱国主义者转变成为马克思主义者，最终成长为一个主张用马克思主义理论武器改造中国社会的革命理论家。

2. 近代中国经济社会退化使人民大众陷入痛苦深渊

鸦片战争以后，中国单一的封建经济体系被打破，西方列强利用不平等条约，使帝国主义疯抢中国"合法化"，中国经济发展丧失了自主权。中国的很多地方可见到外国的租界、洋行、银行，外国轮船可在中国内河自由航行，外国人可在中国内地游历、经商、传教、开办工厂、修筑铁路，西方列强把持着

---

① 赵德馨：《中国近现代经济史》，厦门大学出版社 2013 年 1 版，第 61—66 页。

关税和中国海关行政权，在贸易过程中封建买办阶层开始形成。封建统治阶级越发地腐败无能，大量的田园、山川、矿产、森林、河流等资源被霸占，中国的海关权、税收权、铁路修筑权等权益被掠夺，大量白银外流，国库空虚，清政府负债累累，国家经济危若累卵，列强通过战争达到了从中国掠夺财富的目的。帝国主义入侵，破坏了中国产业的发展，特别是中国传统的农业社会在外来侵略的裹胁下，被动地迈入了近代化进程。

中国近代化过程中，帝国主义和国内军阀为了争权夺利，被压迫的农民阶级和下层民众为了摆脱压迫，资产阶级革命派为了推翻封建制度，引发的各种战争连续不断。战争的破坏，使大量的中国人失去了生命和财产，丢掉了家园；战争造成的牺牲，使中国失掉了很多人口，大量田园荒芜，人民流离失所，生活痛苦不堪。失地农民只得更加依附地主，成为佃农，世代难以翻身；濒临破产的手工业者只得更加依附行会，成为帮工、学徒，受到整个行业的剥削摧残；受到外国资本排斥的个体商户在帝国主义和封建买办的多重剥削下，日子更加艰苦难过。帝国主义和封建主义的层层盘剥，压在普通民众头上的各种苛捐杂税多如牛毛，人民生活极度贫困，衣不遮体、食不果腹、卖儿卖女，成为当时社会的真实写照。

李达对帝国主义经济侵略、封建主义经济衰落所致的贫困有着深切的体会。他中学毕业后因为家庭经济困难只能选报免费的师范生，他凭借公费生资格才得以到日本留学；在颠沛流离的岁月里，他经常处于艰难困苦之中；新中国成立后，他又目睹了新中国经济的落后。李达之所以选择马克思主义作为改造中国社会的理论武器，遵循从唯物史观入手进而拓展到经济学向度研究，目的在于揭示中国社会的发展规律，以期找到解决中国经济贫困落后的办法。因此，李达在日本留学接触到马克思主义经济学理论之后，就表现出异常的刻苦和努力，学成归国的李达又通过译介、出版、研究等形式，继续学习、宣传、探索经济学尤其是中国经济学理论；新中国成立后，他仍然特别关心新中国经济建设，热情赞颂新中国经济建设成就。

3. 中国人民反抗外侮推动仁人志士不断探索中国出路

列强入侵也激起中国社会矛盾的急剧变化，帝国主义和中华民族的矛盾迅速地上升为中国社会最主要的矛盾。帝国主义侵略激起中华民族的激烈反抗，中国军民前仆后继，无数中华优秀儿女的英雄壮举，书写了中国近现代史上反抗帝国主义侵略的光辉篇章。

在反抗外来侵略的过程中，包括封建皇帝和旧式官僚在内的封建统治集团、农民阶级、民族资产阶级、无产阶级等社会各阶级各阶层、大批的仁人志士，都在尝试探索中国出路问题。以"建立天朝田亩制度"为目标的太平天国起义，是中国历史上规模最大的农民起义，给了帝国主义和封建势力以沉重打击，促进了封建社会的崩溃，阻滞了中国殖民化进程；以"自强""求富"为目标的洋务运动，推动了中国近代军事工业和民族企业产生，孕育了近代中国的产业工人；以"变法维新"为追求的戊戌变法，开启了中国近代社会的改良；以武装斗争为手段的义和团运动，给中外反动势力以沉重打击，但也揭示了反动势力的强大；以武昌起义为标志的辛亥革命，推翻了帝制，民主共和开始植入中华大地；新文化运动和五四运动，为马克思主义传播打开了大门，中国新式知识分子和工人阶级开始登上历史舞台，标志着新民主主义革命时代来临。

李达生于这样的时代，长于这样的时代，更是服从和服务于这样的时代。他读书求学的过程，就是从一个爱国主义者转变为马克思主义者，又从马克思主义者转变为社会主义革命者的过程。中国共产党成立前后，他学成归国，报定"找寻同志干社会革命"的志向，加入当时中国先进知识分子行列，融入了时代洪流。李达是当时传播马克思主义理论的主将，"就能达到的水平和系统性而言，无一人能出李达之右"①。不仅如此，李达还有极强烈的理论自觉，他意识到可以从理论本身寻求革命的真理和道路。他认为仅有政治革命还不能改变中国命运，还必须进行社会革命，这就是李达在唯物史观指导下从寻找社会规律出发去研究经济学的深层动因。

二、中国近代社会文化思潮

伴随着西学东渐、西方列强入侵，中国近代经济社会衰落日益显现，中华民族危机空前加剧，近百年来，各种社会文化思潮在中国大地上风起云涌、连绵不绝，形成了近代中国所特有的思想文化高潮，各种社会思潮也空前泛滥。

1. 西方思想文化侵略与中国人开眼看世界

近代以来的西学东渐，随着西方列强入侵而日益深入。列强所到之处，其意识形态、价值观念、生活方式等也逐渐向传统的中国渗透，特别是第二次鸦片战争签订的《天津条约》允许外国传教士到内地自由传教，《北京条约》允许发还已充公的天主教教堂财产，允许法国传教士在各省任意租买田地、建造教堂等，使近代中国迎来了继佛教中国化之后又一次异域文化传播的高潮。西方思想文化的推行对近代中国产生了精神控制和思想麻醉，五千年的中华文明面临着空前的灾难和危机。正如春秋战国时代战乱引起危机，危机引起诸子百家争鸣一样，伴随着近代西方军事、经济、文化的大规模入侵以及西学东渐的

---

① 侯外庐：《北平的大学师友》，载北京市委党史研究室编《中国大学革命历史资料》，中共党史出版社 1994 年版，第 196 页。

加快，近代中国思想文化界也产生了剧烈震动。

面对西方坚船利炮，面对中国"数千年未有之变局"，中华民族的危机意识空前加剧。觉醒的中国人、社会各界都在思考中国的命运，救亡图存、改造中国、振兴中华、走上近代化道路，成为中国近百年来的中心问题。这些民族危机意识，首先在一些接触西方列强、有远见人物的身上得到体现。以林则徐、魏源为代表的近代中国第一批开眼看世界的人，提出"剿夷而不谋船炮水军，是自取败也"①，喊出了"师夷长技以制夷"的口号。以洪秀全、洪仁玕为代表的农民革命领袖，在太平天国运动后期颁布的《资政新篇》，提出了仿效西方资本主义制度建立国家的主张。以奕䜣、曾国藩、李鸿章、左宗棠、张之洞等为代表的新官僚发动的洋务运动，开创了中国近代工业。以郑观应、马建忠、薛福成等为代表的早期维新思想家，经过认真反思，认为"富强之本，不尽在船利炮坚，而在议院上下同心，教养得法"②，也提出发展资本主义工商业和设立议院主张。以康有为、梁启超、严复、谭嗣同等为代表的维新派，力主仿效西方、变法图强，推动了包括封建皇帝大力支持的戊戌变法。这一时期，进化思潮、反洋教思潮、重商思潮、洋务思潮、尊孔复古思潮、大同思潮、国粹思潮、变易思潮、君主立宪思潮等纷纷登场，但主张学习西方、变革维新，是鸦片战争之后至辛亥革命爆发之前中国思想界的主要思潮。

随着帝国主义侵略日益加深，中华民族亡国灭种的危险也在加重，封建统治的无能和国家社会的腐败更加突出。"中国向何处去？"成为民族危亡时期中国人思考的中心问题。以章太炎、邹容、陈天华、孙中山、黄兴等为代表的资产阶级思想家和革命家，放眼世界，主张彻底改造中国，大力鼓吹和倡导革命，形成了"三民主义"思想，喊出了"振兴中华"的口号，发动了辛亥革命，在形式上推翻了统治中国达二千年之久的封建制度，革命民主主义思潮传遍中华大地，民主共和观念深入人心。辛亥革命成果被窃取后，孙中山经过痛苦反思，总结历次革命失败的经验教训，又提出"以俄为师"的口号，实施"联俄、联共、扶助农工"三大政策，制定的《建国方略》之《实业计划》将经济建设置于首位，勾画了建设资产阶级共和国的宏伟蓝图，提出了"对外开放、引进外资"的在经济上开眼看世界主张。以陈独秀、李大钊为代表的激进民主主义者，高举科学、民主大旗，发动了轰轰烈烈的新文化运动，在十月革命影响下，转而接受马列主义，决定走俄式道路。以毛泽东、周恩来等为代表的先进青年，在五四运动洗礼下开始了社会主义道路探索。这一时期，教育救国、科学救国

---

① 林则徐：《致姚春木王冬寿书》，载《林则徐诗文选注》，上海古籍出版社1978年版，第243页。
② 郑观应：《盛世危言自序》，载《郑观应集》，上海人民出版社1982年版，第233页。

与实业救国思潮、三民主义思潮、复古主义思潮、新村主义与工读互助主义思潮、无政府主义思潮、妇女解放与移风易俗思潮等各种社会改良思潮，纷纷亮相，但主张用革命手段改造社会，开始追求社会主义，成为辛亥革命之后到中国共产党成立之前的主要社会思潮。

在西方文化大肆侵略背景下，李达这个时期最受孙中山的"实业救国"计划影响，特别是在他的"教育救国"理想破灭之后，李达开始全面转向"实业救国"，进而也转向"科学救国"，因此他选择了学习理科。

中国共产党成立前后，中国仍处在帝国主义列强宰割下的军阀割据状态中。共产党人一旦选择了马列主义，选择了社会主义道路，就会坚定不移地朝着这个目标奋进。幼年时期的中国共产党，虽然引进了无产阶级革命理论即马列主义，但由于建党初期的理论准备严重不足，许多人对于什么是社会主义、什么是真正的马列主义，对中国社会性质、中国社会史问题，对中国革命道路、民主革命性质、革命领导权、革命发展阶段等问题，仍然混淆不清。所以出现了20世纪20年代初关于社会主义、无政府主义、真正马克思主义问题的论争，20—30年代发生了关于中国社会性质、中国农村社会性质、中国社会史的论争。在论争的过程中，既有李大钊、陈独秀、李达、瞿秋白等马克思主义理论家兼革命家参与，也有郭沫若、吕振羽、翦伯赞、李季、胡秋原、薛暮桥、王学文、王亚南等各领域专家学者参与。论争澄清了马克思主义的一些重大问题，认清了中国社会性质和革命道路，也极大地激活了当时的社会思潮。这一时期，联省自治思潮、废督裁兵与化兵为工思潮、乡村建设思潮、平民教育思潮、非基督思潮、新启蒙思潮、现代新儒学与文化复兴思潮、自由主义思潮、抗日救亡思潮等，都有发展，但坚持马克思主义指导、主张走新民主主义革命道路、坚决打倒日本帝国主义和国民党反动派，成为中国共产党成立之后到新中国成立之前中国社会思潮的主流。

李达求学和探索经济学的时代，正值帝国主义侵略中国日益加深的时代。他在中学时就表现出强烈的爱国主义，后来又立志"教育救国""实业救国""科学救国"，特别是第二次在日留学期间，正值日本帝国主义借一战之机大肆侵占中国的时期，李达参加的留日学生回国请愿活动失败后，他极度痛苦，感觉要是不找到新的出路，中国就要灭亡了。后来他选择了马克思主义，并确定为终生信仰，无论是刻苦攻读，或是宣传维护，或是在艰难日子坚守，或是终身研究，或是坚决同违背马克思主义的人作斗争，都与李达开眼看世界、深入理解和领悟马克思主义理论有关。李达从唯物史观中发现了社会经济构造是社会革命的基础，因而能够在经济学领域坚持耕耘，最终为中国革命事业做出了杰出的理论贡献。

2. 向海外学习思潮滥觞与马克思主义思潮影响

中国人向海外学习的经历源远流长，但明朝中期以后，由于倭寇成为当时朝廷的边境大患，明政府开始实行更加严格的海禁政策。明朝早期的海禁主要是针对商业，明政府禁止中国人赴海外经商，也限制外商到中国进行贸易，此后海禁虽有废弛，甚至有郑和下西洋的壮举，但民间私人仍不准出海。早期海禁政策起到一定的自保作用，但也大大阻碍了中外经贸往来和文化交流。至鸦片战争前夕，清政府继续沿用这一闭关锁国的政策。鸦片战争以后，随着西方列强入侵，中国国门被打开，中国人在看到西方列强坚船利炮的同时，一些有识之士也开始开眼看世界，特别是魏源提出的著名的"师夷长技以制夷"口号，成为中国人走出国门、走向世界的前奏，近代中国逐渐掀起了向海外学习的思潮。

可是，向谁学习呢？综观近代中国的留学史，从中国人开始向海外学习，大致经历了一个学西洋之欧美国家、学东洋之日本和学习俄国道路的过程，但在实践中是一个非常痛苦的抉择过程。1872 年近代中国首批 30 名留美幼童成行，开启了中国近代第一代公派留学生先河，此后连续三年，共派出 120 名留学生，但这批人中除 2 人毕业外，其余全部被召回。再之后，洋务派主持设立的福州船政局也开始向法国、英国等欧洲国家派遣留学生，以求其知识技术，达到"自强"目的，此举为清政府培养了一些军事人才。1894 年，甲午海战以清政府惨败而告终，亡国灭种的危机感使留学日本、学习日本的思想迅猛展开。在洋务派和维新派支持下，如张之洞在《劝学篇》中专门论述游学日本的必要性，康有为向光绪帝力陈留学日本之必要，清政府最终确定派遣留学生并优先向日本派遣留学生的国策，日政府也以"倍敦友谊""代培人才"等为幌子吸引中国留学生，以达逐步控制中国的目的。留日学生数量，从 1896 年 13 名，迅速增至 1904 年 2400 余人、1906 年 12000 多名，形成了规模空前的留日热潮。留日学生以速成科和普通科为主，专业多为政法和军事，学理工者较少。1908 年清政府启动的庚款留学生掀起近代中国留美高潮，留美学生以理工科为主，涌现出许多现代中国教育科学文化事业的先驱。俄国十月革命以后，中国人"以俄为师"，向往走俄式革命道路，开始留学苏联，为中国革命培养了一大批马克思主义者。

中国人向海外学习思潮的不断发展，对近代中国社会产生了巨大影响。帝国主义侵略打破了学习西方的迷梦，而当找到马列主义，"中国的面目就起了变化了"[①]。近代中国马克思主义思潮的形成与传播，最初主要以日本为中介。当

---

① 毛泽东：《论人民民主专政》，载《毛泽东选集》第四卷，人民出版社 1991 年版，第 1470 页。

时留日的资产阶级革命派和改良派，如孙中山、朱执信、胡汉民、宋教仁、廖仲恺、戴季陶、马君武等人，在日本从事反帝反封建的资产阶级民主革命时，都曾研究和传播过马克思主义学说，并试图用马克思主义解释中国问题；包括李大钊、陈独秀、李达、陈望道在内的中国早期马克思主义者也在日本如饥似渴地学习研究马克思主义，寻找救国救民道路。与此同时，周恩来、赵世炎、蔡和森、李富春、邓小平、蔡畅、向警予、李维汉等赴法勤工俭学人员，积极了解欧洲工人状况，学习十月革命经验，研读马列主义文献，确立了共产主义信仰。瞿秋白、张闻天、刘少奇、任弼时等人在俄国接受马克思主义教育，成为坚定的共产主义者。

李达在日本留学时期，仍是中国向海外学习很盛行的时代。1914 年，李达考取了湖南留日官费生，到日本先是学习语言，后因用功过度得了肺病，不得已回国休学三年，1917 年再度赴日留学。第二次留学期间，李达参与了留日学生回国请愿活动，但最后以失败告终，极端苦闷的李达返回日本后放弃了理科学习，转攻马克思主义，从此走上了信仰马克思主义的革命人生道路。在日本学习期间，李达有幸师从著名的马克思主义经济学家河上肇。李达在理论学习中逐渐找到了改造中国社会的办法，即他从马克思主义唯物史观中剖析了人类社会结构，又从人类社会经济构造出发找到了实现中国社会革命的办法，他主张用社会主义改造中国。李达在马克思主义中找到了解决"中国向何处去"问题的理论武器。

第二节　李达探索经济学的理论背景

恩格斯指出："唯物史观是以一定历史时期的物质经济生活条件来说明一切历史事变和观念、一切政治、哲学和宗教的。"[①] 李达探索经济学有特定的时代背景，也有现实的理论背景。李达探索经济学的理论基础，包括中国传统思想文化特别是其家乡所在地的地域文化，还包括在中国传播的马克思主义和当时中国经济学研究状况。

一、中国传统思想文化熏陶与湖湘文化浸润

李达注重探索唯物史观经济学向度，其中有深刻的中国文化因素，他的经

---

① 恩格斯：《再论蒲鲁东和住宅问题》，载《马克思恩格斯选集》第 2 卷，人民出版社 1972 年版，第 537 页。

济学思想包含诸多的中国思想文化因子，它们集中地体现在中国传统思想文化和湖湘文化方面。因此对其进行探讨，对于分析李达经济学思想形成的理论基础具有重要意义。

1. 中国传统思想文化的熏陶

传统文化是人类文明演化过程中汇集而成的反映某个民族特质和精神风貌的民族文化，是一个民族历史上各种道德习俗、思想文化、精神观念的总体表征。中国传统文化是在中华民族融合过程中形成并传承、影响后世的道德习俗、思想文化、精神观念的总体，是中华民族数千年文化的大综合，是中国人的道德传统、文化血脉和精神支柱，它历史悠久，博大精深，是人类文明宝库的重要组成部分。

人们常说的中国传统文化，多指以儒家思想为核心、儒释道文化为主体、渗透着古老东方民族智慧的思想文化体系。

儒家学说由孔子初创，孟荀发展，董子倡立，二程朱熹完善转型，一路发展，内容归结为"仁、义、礼、智、信"，系统化为"三纲五常"，被倡导立为国家统治思想，朝廷重视，百姓教化，再经历朝历代思想家和统治者系统地补充和完善，致其影响范围非常之广，影响人数非常之众，影响心理非常之深。儒者，原本是一种谋生的职业，"儒家的用处，最主要的是'讲学'和'做官'"[1]，儒在穷困的时候讲学，在通达时做官，这样"学也，禄在其中矣"[2]。儒家学说主体是性理哲学，而性理哲学的对象是"为人之道"，重内省，求修身、齐家、治国、平天下，是"内圣外王之学"。儒家倡导仁爱孝悌、谦和尚礼、修己安人、和合中庸、诚信友善、精忠爱国、见利思义、笃实宽厚，讲求天人合一和伦理纲常。儒家处世倡导积极进取的入世态度，常表现为"明知不可为而为之"。儒家思想长期占据统治思想地位，成为巩固封建统治秩序的精神支柱，也是中国封建社会长期存在的重要原因。儒家思想是经过历代发展形成的一整套比较成熟的思想体系，儒家文化也是广泛存在于封建社会各个角落的一种文化现象，尤其是在相对封闭的农业社会，人们口口相传、世代相袭，对中国人的思想和生活具有广泛而深刻的影响。这些特征，即使中国在近现代社会有西学东渐、西方列强文化入侵的影响下，仍然存在。

李达生在湖南农村，长在湖南乡下，童年和青少年接受的教育仍然是典型的中国传统文化教育，即儿童识字从蒙学开始，私塾是儿童普遍受教育的地方，塾师也多为读着经书成长的学究。李达父亲因读过几年书曾是当地小有名气的

---

① 李达：《中国社会发展迟滞的原因》，载《李达全集》第 15 卷，人民出版社 2016 年版，第 148 页。
② 钱逊主编：《论语·卫灵公篇第十五》，济南出版社 2015 年版，第 98 页。

塾师，所以他刚满 5 岁就跟父亲识字读经，熟背过《三字经》《百家姓》等传统经典，后来又拜前清秀才胡燮卿为师，天资聪颖的李达除了熟读老师指定的经典外，还读了大量的古典文学名著。如同李达在《自传》中所说，"我读过四书五经，学作过八股文，后来学作过议论文"①。李达早年阐述唯物史观的《现代社会学》，就是用半文言半白话写成的。李达庆父八十寿诞，代父所作的自序文就是古文。李达流传的文学遗作中，也可偶见旧体诗文作品②。李达在教学、讲话和著述中也多有引经据典的文段出现。李达的书法或者说其字体特征，也兼具繁简风格。上述种种，足见李达厚实的传统文化功底。

与那个时代绝大多数的中国人一样，李达自幼接受中国传统思想文化教育，在走出国门去留学之前，李达算是那个时代农家子弟中读书较多者，与没有读书或读书很少的时人相比，他接受了更多的传统教育，因而也更多地受到中国传统思想文化的熏陶。这些功底，在李达思想和学识结构包括经济学思想和经济学知识结构中，占有重要分量，也有很多体现。中国传统思想文化是李达立足中国大地思考问题、站在中国立场做学术研究的重要原因。

2. 湖湘文化的浸润

与中国传统思想文化影响同步存在的，还有一种更直接的地域文化在李达的成人成长过程和学术生涯中发挥着极为深刻的影响作用，这种文化就是在湖南 "三湘四水"③ 地域上形成的，有其独特的自然人文地理环境、发展轨迹和来源特征的湖湘文化。

湖南简称 "湘"，是中国南方的内陆省份，境内水系众多，地貌多样，气候四季分明，但因其地处偏远，在隋代以前作为独立行政区划尚未确定，版图分合不一，名称变化不定。直至唐代，随着全国政治经济中心逐渐南移，其地位日益提升，"湖南" "湖湘" 称呼日益增多。湖湘文化之 "湖" 指洞庭湖，"湘" 指湘江。以洞庭湖、湘江为地理标识的湖湘文化，泛指湖南地域范围内的文化，如果再进一步细分，还可以分为广义和狭义来区别。本书所使用的湖湘文化，特指与湖南地理和人文相关、在历史上形成、深刻影响着湖南人的思想、气质、人格和禀性的区域性文化。因此，湖湘文化既是自然地理概念，也是文化地理和行政地理概念。

湖湘文化源远流长。历史上可以上溯到炎舜文化、中原文化和荆楚文化等

① 李达：《自传》，载《李达全集》第 15 卷，人民出版社 2016 年版，第 396 页。
② 何建锋：《新发现的李达遗诗》，载《湖南党史月刊》1988 年第 9 期。
③ "三湘四水"：湖南省别称，这里的 "三湘" 是 "潇湘" "蒸湘" "沅湘" 的简称，"四水" 是指湖南境内湘江、资江、沅江、澧水四条著名的河流。

外来文化，以及三苗文化、荆蛮文化等本土文化，也兼有东方吴越文化、西边巴濮文化。湖湘外来文化可追寻到传说中的炎帝、舜帝、大禹等与湖南有关的远古人物踪迹，据传炎舜二帝均崩葬于湖南，至今仍存的炎陵县、九嶷山可证。湖湘本土文化可上溯到远古时期的蚩尤、三苗，湖南上古时代系南蛮之地，是三苗（又称有苗）活动范围。三皇五帝之炎帝、舜帝等都在湖南活动过，说明远古时期就有发端于黄河文明的中原文化入驻湖南。夏商周时期，各朝因南征或南巡皆将势力引向湖南荆蛮之地，中原文化不断影响着湖湘大地。春秋时期，楚文化开始大肆南侵，对当时湖南地域上的五大主要居民或部族即越人、蛮人、濮人、巴人和楚人的文化影响较多，这对融合形成湖湘文化具有特殊意义。秦汉时期，中原人口与楚地人口因战争南迁，使湖湘地区社会政治、经济、文化获得极大发展，如湖南道家思想的飞跃发展，形成了独具特色的"黄老之道"，被学界称为"秦汉新道家"。这期间，楚国大夫屈原流寓湖南，书楚语，作楚声，纪楚地，名楚物，传播楚文化，实现了湖南土著文化与楚文化的进一步碰撞与融合。百余年后，西汉著名思想家贾谊也被贬谪到长沙，湖南成为"屈贾伤心之地"，他们对推动湖湘文化初步形成起了重要作用。三国至南北朝时期，北方战乱纷争，湖南也多次遭遇兵祸，一度出现过"湘土荒残"状况，但相对北方来说还算宜于安身之地，北方移民大量南迁，带动了湖南当地经济文化发展，此时佛教开始陆续传入，道教上清派开始诞生。隋唐时期，随着国家统一，湖南政治、经济和文化也进入重要发展阶段。这期间，湖南文学、艺术、哲学、史学、地学、宗教等都有发展，如本土的欧阳询、怀素法师等，外来的李白、杜甫、柳宗元、刘禹锡、李翱等人，都曾在湖南活动；佛教的天台宗、净土宗及禅宗五宗也有活动，而且很多属于开创性活动。两宋时期，因北方辽金战争，中国经济文化重心开始南移。北宋初就开始着力经营南方，南宋王朝更是把湖南作为倚重之地，这段时间，湖南手工业、商业和交通都有较大发展，这些为湖湘文化崛起和繁荣奠定了坚实基础，虽然外来精英文化与本土民俗文化既有冲突又在融合，但湖湘文化地位有了巨大提升。如辛弃疾曾在长沙练兵；周敦颐撰写《太极图说》《通书》等理学奠基之作，被学术界推崇为理学创始人；流寓湖南的胡安国、胡宏父子成为"湖湘学者"，开创了"湖湘学派"；两宋学术史上濂、洛、关、闽四大学派之中有三派与湖南有关，即"濂"学以周敦颐为主，"洛"学创始人程颐、程颢系周敦颐弟子，"闽"学代表人朱熹求学、出仕、讲学于湖南；湖湘学派传人、著名理学大师张栻交游并讲学于岳麓书院。元代的湖南文化，伴随着游牧民族入主中原引发民族矛盾和文化冲突而陷入低潮。明清时期，湖南经济逐渐得以恢复和发展，"湖广熟，天下足"取代"苏湖熟，天下足"，两湖地区"鱼米之乡"地位日益巩固，湖湘文化再现繁荣景象。其间，清代独立设置湖南行省，构成"湖湘文化"定型的行政地理条件，从清初开始，"湖湘"作为湖南文化地理标识一直沿用至今。湖南在近现代化过程中涌现出各种新思潮和新观念，各类人才也出现井喷现象，湖湘文化成了孕育中国近现代革命的热土。如以陶澍、魏源、胡林翼为代表的经世派主张社会变革，致力于经世致用梦；以曾国藩、左宗棠、郭嵩焘为代表的洋务派主张师夷长技和开眼看世界，致力于实业救国梦；以熊希龄、唐才常、谭嗣同为代表的维新派主张维新变法并舍身求法，致力于变法图强梦；以黄兴、宋教仁、蔡锷为代表的民主革命先驱主张坚决革命并积极参与推翻帝制，致力于实现民主共和梦；以毛泽东、刘少奇、彭德怀为代表的无产阶级革命家主张新民主主义革命并投身建党、新中国成立革命实践，致力于实现民族强国梦。

湖湘文化是奇特的文化。其奇特之处在于，它与中国其他地域文化同为中华文化重要组成部分，但究其内涵又确实与他域文化明显不同。湖南特定的地域和人文环境赋予了湖湘文化独特的个性。在自然地理概念上，湖湘大地因其生存条件的艰难，孕育了湖南民众吃苦耐劳品格和坚忍不拔性格；钟灵毓秀的山水，培养了湖湘弟子的敏捷思维和浪漫灵动；地形地貌的多样，刺激着湖南历代激越拼创和改革维新；地理环境的阻隔，培育了湖南大众的独立意识和偏执倔强。在人文地理概念上，湖湘文化既重精神追求，也富文化特色；既有远古神农不畏生死、甘尝百草的精神，也有上古屈原忧国忧民、上下求索的精神；有贾谊变革实践、经世致用的精神，还有近古周敦颐追求道统、兼容佛道的执着变通，胡安国胡宏父子主张民为邦本、本固邦宁的重民情怀，王夫之经世务实的学风和高尚的民族气节，以及近代谭嗣同变法维新和舍我其谁的责任担当。在行政地理概念上，湖湘文化具有明显的湘学旨趣和湘学学统，特别是理学通过批评佛道和内部章句训诂以及功利之学，在湖湘大地上形成了自己的儒学正统，如胡宏、张栻确立了从孔孟到周程的道统脉络，王夫之出入性理哲学，曾国藩为维护儒家道统而开展思想动员；湖湘学统和学术正统，脉脉相承，代代相传，湖湘学者群体中有许多师承关系或学术继承关系，"南宋湖湘学派是一个学者众多的学术群体，他们之间均有明确的学术师承或家学渊源"①，如胡宏与张栻是学术师承关系，胡安国与胡寅、胡宏、胡宁有家学渊源等。湖湘文化奇特之处还在于，唯楚有材，但在近代以前，湖南为荆楚、南蛮之地，出现影响后世的名家大师，寥若晨星；而近现代以来，湖湘文化孕育的人物，群星灿烂，而且这些代表性人物，普遍地具有爱国爱民、经世务实、个性刚强、笃实践履、与时俱进等特点。此外，湖湘文化在内容上还具有文源深、文脉广、文气足等

---

① 朱汉民：《湖湘文化通史》第一册，岳麓书社 2015 年版，第 56 页。

特色。

李达生于湖南永州零陵（今永州市冷水滩区），长于湖南乡下，而永州又地处湖南南部，南与广东相邻，属典型的内陆地区，地理位置比较闭塞，但却完整地保留着湖湘文化特征。李达从小就沐浴在湖湘文化氛围中，受到湖湘文化浸润，湖湘文化追求经世致用的传统深刻影响着李达，湖湘文化的特征也在李达身上有充分体现，如舜帝"南巡守，崩于苍梧之野"，"葬于江南九疑"①，就发生在李达家乡；唐代书法大师、"草圣"怀素法师就是李达家乡永州人。这些影响不仅较一般的传统文化影响要深，而且较一般的湖湘文化影响还要"真"。

综观李达的个性和一生的奋斗，湖湘文化因子在其身上有多方面体现。一是独立不羁、不畏艰险的南蛮个性。李达少时为人仗义，面对欺负农民不会算账的收粮官，他敢于站出来帮忙并指责那些坏蛋；李达倔强激进，对于张国焘的阴险狡诈、陈独秀的家长作风，他愤然而去以至于脱党；李达晚年被批斗，面对查封毛泽东思想研究室的强烈抗议，"我拼了这条老命一天写五百字，也要把书写完"②。二是心忧天下、舍我其谁的爱国情怀。李达在中学时就有强烈的爱国主义倾向，他与同学们得知徐特立断指血书事迹后，为了表达支持当即就商量出抵制日货和练军事操两个办法；李达留学期间深受日本人侮辱，便发誓终身不为日本人服务，特别是在家乡沦陷、日伪汉奸到处搜捕他为日本人办事，他宁愿流亡，"也不回去给日本鬼子办事"③。三是经世致用、实事求是的践履作风。李达选择学校和专业，实则为了实现救国梦，从教育救国，到实业救国、科学救国，再到选择马克思主义，其内在主线是救亡图存，不仅仅为了谋求衣食、安身立命。四是坚持真理、不畏权贵的高尚品格。1937 年李达在庐山见到蒋介石，蒋有意让他去做行政院参事，他断然拒绝："我们只知道教书，不知道做官。"④ 毛泽东是李达好友兼尊敬的领袖和学术权威，李达在多个场合表达过对毛主席的崇敬之情，但在真理问题上却是寸步不让，是真正的"为真理而斗争的李达同志"⑤。

一方水土养一方人，一方文化育一方人。毛泽东称李达，"你是黑旋风李

———————————

① 司马迁：《五帝本纪第一》，载《史记》卷一，中华书局 1999 年版，第 44 页。

② 王德京：《毛泽东称李达是"真正的人"》，载《李达与中国共产党的创建和马克思主义在中国的传播——纪念李达同志诞辰 120 周年学术研讨会论文集》，人民出版社 2013 年版，第 507 页。

③ 王炯华：《李达评传》，人民出版社 2004 年 1 版，第 307 页。

④ 李达：《自传》，载《李达全集》第 17 卷，人民出版社 2016 年版，第 403 页。

⑤ 侯外庐：《为真理而斗争的李达同志》，武汉大学出版社 1985 年版，第 6 页。

逮,你比他还厉害,他只有两板斧,你有三板斧","你在理论界跟鲁迅一样"①,既是对李达在宣传和捍卫马克思主义方面所做贡献的肯定,也是对李达的个性和思想特质的概括。李达强烈的政治参与意识与经世致用的传统相关,李达不屈的战斗精神与深厚的爱国主义土壤相接,李达执着追求个性解放与坚韧顽强的人格精神一致,李达爱国爱民情怀与民为邦本的重民思想重合,李达躬行践履风格与舍我其谁的责任担当吻合,李达的这些品德是沐浴湖湘文化的结果。李达选择研究经济学,体现了湖湘文化经世致用的特点。

二、马克思主义在中国的传播

马克思主义能在中国近代思潮中脱颖而出,能被中国先进知识分子所选中,与马克思主义理论自身的思想性与革命性,与中国传统文化的契合性与包容性,以及与中国革命形势发展和实践需要密切相关。李达探索经济学的过程,与马克思主义在中国的传播过程也密切相关。

1. 马克思主义在中国的早期传播

马克思主义在中国最早的传播,约发生在 19 世纪末 20 世纪初,始于外国传教士。1899 年 4 月,由英国传教士李提摩太节译的《大同学》一文,出现在基督教上海广学会主办的《万国公报》上,文中首次提到马克思和《共产党宣言》。20 世纪初,中国留日学生掀起了译介社会主义著作和学说的热潮。如:1900 年底留日学生戢翼翚、杨廷栋等在东京创办《译书汇编》并于次年登载日本有贺长雄的《近世政治史》,首次介绍马克思主义和共产主义运动的概况。戊戌变法失败以后,梁启超流亡日本也接触到马克思著作,1902 年他在《新民丛报》发表文章介绍马克思,"日耳曼人,社会主义之泰斗也"②,此后又相继发表系列介绍文章,其中《中国之社会主义》一文开始联系中国社会实际,成为中国最早专门介绍社会主义的文章,梁启超也因此成为最早介绍马克思及其学说的中国人。

此外,当时的中国资产阶级革命派在宣传三民主义的同时,也曾热衷于介绍马克思主义的一些学说。孙中山、马君武、朱执信、廖仲恺、宋教仁、胡汉民、戴季陶等人,都做出了许多贡献。特别是朱执信是中国人第一次较多介绍马、恩及其学说的人,毛泽东称他为"马克思主义在中国的传播的拓荒者"③。1912 年 10 月孙中山受江亢虎之邀到中国社会党本部连续三天发表社会主义演

① 王炯华:《李达评传》,人民出版社 2004 年 1 版,第 409 页。
② 梁启超:《进化论革命者颉德之学说》,载《新民丛报》,1902 年 10 月 28 日。
③ 钟家栋、王世根:《20 世纪:马克思主义在中国》,上海人民出版社 1998 年版,第 38 页。

说，听众达上千人之多。当时有很多人已模糊地意识到中国革命必须要求助于马克思主义。

2. 马克思主义在中国的广泛传播

马克思主义在中国广泛传播是在俄国十月革命之后。当时中国先进知识分子以马列主义为武器，开创了用理论武装自己、影响带动他人一道前进的伟大创举。

李大钊是中国第一个马克思主义者和中国共产主义运动先驱。他运用无产阶级世界观把握人类社会发展规律，陆续发表了一系列文章，热情歌颂俄国十月革命是"世界革命新纪元"，"人类觉醒新纪元"，"二十世纪革命先声"。他坚信，由今以后到处所见都是布尔什维主义战胜的旗帜，到处所闻都是布尔什维主义的凯歌，"试看将来的环球，必是赤旗的世界!"[1]。此后，他又到部分北京高校讲授唯物史观、马克思主义经济学、社会学等课程。他的《我的马克思主义观》初步阐明了马克思主义三大组成部分，标志着马克思主义在中国进入比较系统的传播阶段，也使马克思主义在中国产生了广泛影响。

马克思主义得以在中国广泛传播，是与中国马克思主义者对各种非马克思主义思潮的论争分不开的。在中国早期马克思主义传播史上，著名的论争就有三次：问题与主义之争、基尔特社会主义之争和无政府主义之争，李大钊、陈独秀、李达、李汉俊、蔡和森、瞿秋白、陈溥贤、杨匏安、陈望道等早期马克思主义者，或通过译介，或阐述原著，或结合中国实际撰写文章，或直接参加论战，批驳各种错误的或非马克思主义观点，都为马克思主义在中国的传播做出了重要贡献。论争扩大了马克思主义的社会影响，引导大批青年和革命者摆脱其他思潮纷扰，如毛泽东、周恩来等人就是在李大钊、陈独秀、李达等宣传和影响下摆脱了无政府主义、"新村建设"等思潮的影响，走上了革命的道路。

3. 李达对马克思主义在中国传播的贡献

李达是中国最早传播马克思主义的先驱之一，是杰出的马克思主义宣传家，也是中国马克思主义史上"百科全书式的"[2] 学者和理论家。

李达第二次留学日本期间，正值俄国十月革命之后，是留日学生回国请愿负责人之一，在请愿失败后，他重回日本专攻马克思主义，并撰文在国内报刊上连续发表《什么叫社会主义》《马克思还原》等系列文章，阐述社会主义性质和目的，从此开始了传播和研究马克思主义的学术生涯。

1920 年，李达回国参加了中国共产党创建工作并为《劳动界》撰稿，参与

① 李大钊：《布尔什维主义的胜利》，载《新青年》第 5 卷第 5 号，1919 年 1 月。
② 陶德麟：《〈经济学大纲〉再版前言》，载《经济学大纲》，武汉大学出版社 2007 年版，第 2 页。

《新青年》编辑，主编《共产党》月刊，正因为他是中国早期马克思主义的传播者，中共一大选举他为中央宣传主任，成为中共党史上首位负责宣传的领导。此后，李达又主持创建了人民出版社，与友人合作创办昆仑书店，出版了一系列马克思主义理论书籍；与毛泽东合创《新时代》，采用古代书院与现代学校之长，研究各种学术，以期发现真理，造就人才。李达还发表一系列文章，积极参与对社会改良主义、无政府主义、修正主义的论战，反击了改良派的假社会主义，划清了与无政府主义和修正主义的界限，捍卫了马克思主义真理，引导许多持有错误观点的知识青年转变了立场，走上了革命道路。

中共二大之后至新中国成立前夕，李达先后到湖南、上海、山东、北平、广西、重庆、广东、湖南等地从教和研究，他利用大学讲台或研究室继续传播马克思主义，出版了大量译著，发表了许多文章，引导大批青年或相关人士走向革命。新中国成立后，李达主持湖南大学、武汉大学校政期间，先后发表毛泽东"两论"（矛盾论、实践论）解说、《社会主义宪法的讲话》，出版《唯物辩证法》等文章和著作，主抓思想政治理论教育，创建马克思主义理论教研室、马克思主义夜大学，创刊《新湖大》《新武大》《武汉大学学报》等宣传工具，继续研究和传播马克思主义，发挥着一位理论大家、一个宣传战线上老兵的重要影响和推动作用。这一阶段，李达的宣传活动，闪耀着一位社会科学工作者在理论成熟之后的奇光异彩。

就马克思主义经济学的宣传来看，李达翻译、出版、创作了一系列著作。如：1924年出版了《中国关税制度》（李达译）、《工钱劳动与资本》（袁湘译）、《资本论入门》（李汉俊译）等一批马克思主义经济学著作。大革命失败后，又出版了《资本论》（马克思著）第一卷第一分册、《马克思主义经济学基础理论》（河上肇著）、《经济学入门》（米哈列夫斯基著）、《农业问题之理论》（河西太一郎著）、《政治经济学教程》（拉比托斯著）、《土地经济学》（河田嗣郎著）等。他还联系中国革命实际进行独立研究，撰写了《中国产业革命概观》《经济学大纲》等专著。中国共产党成立前后，李达在系列论战文章中初步运用马克思主义经济学观点论述中国革命道路问题，后来又发表了《劳农俄国研究》作为中国革命的借鉴，发表《马克思学说与中国》，提出"用马克思学说改造中国社会"的口号。李达的努力，对于扩大马克思主义在中国的影响功不可没，也使他成为中国"传播和运用马克思主义经济学的拓荒者之一"，"独立撰写马克思主义经济学教科书的第一人"[①]。李达是真正的马克思主义宣传家。

---

① 陶德麟：《〈经济学大纲〉再版前言》，载《经济学大纲》，武汉大学出版2007年版，第2页。

三、李达译作的理论贡献

李达是著名的马克思主义宣传家、理论家，也是马克思主义翻译家，他学过日语、英语、德语，翻译出版了很多马克思主义著作和文章。译作观点是李达思想的重要理论来源，经济学译作更是对其经济学思想形成做出了特殊的贡献。

1. 李达出版或发表的马克思主义译作类别

1918年，李达专攻马克思主义的当年就开始了翻译工作。翻译其他语言的马克思主义文本，使李达获得了更多文献，也是他学习或宣传马克思主义的重要方式。按照首次出版或发表的时间顺序，李达译作在内容上大致有三种：

第一种是哲学类文本，重点探讨唯物史观问题。此类译作有：1921年4月的《社会问题总览》（日本：高畠素之著，李达译）、1921年5月的《唯物史观解说》（荷兰：郭泰著，李达译）、1923年4月独译的《德国劳动党纲领栏外批评》（即《哥达纲领批判》，德国：马克思著，李达译）、1929年3月的《社会科学概论》（日本：杉山荣著，与钱如铁合译）、1929年9月的《现代世界观》（原名《辩证唯物论入门》，德国：塔尔海玛著，李达译）、1930年6月的《马克思主义经济学基础理论》（日本：河上肇著，与王静、张粟原合译上篇）、1930年10月的《理论与实践的社会科学根本问题》（苏联：卢波尔著，李达译）、1932年9月的《辩证法唯物论教程》（苏联：西洛可夫等著，与雷仲坚合译）等。这些译作论及唯物史观，为形成唯物史观视域下的李达经济学思想奠定了理论基础。

第二种是经济类文本，主要探讨经济问题。此类译作有：1924年10月的《中国关税制度论》（日本：高柳松一郎著，李达译）、1930年1月的《农业问题之理论》（原名《马克思主义农业理论之发展》，日本：河西太一郎著，李达与陈家瓒合译）、1932年4月的《经济学入门》（原名《政治经济学》，苏联：米哈列夫斯基著，李达译）、1930年10月的《土地经济论》（日本：河田嗣郎著，李达译）、1930年10月的《政治经济学教程》（原名《经济学——商品资本主义经济的理论及苏维埃经济的理论纲要》，苏联：拉比拉斯与渥斯特罗维查诺夫合著，李达与能够熊得山合译）等。这些译作论及了多方面的经济问题，其中的许多思想观点成为李达经济学思想的直接理论来源。

第三种是其他类文本，内容涉及唯物史观和经济学方面。此类译作有：1921年4月的《俄国农民阶级斗争史》（日本：佐野学著，李达译）和《劳农俄国底结婚制度》（日本：山川菊荣著，李达译）、1921年6月的《列宁的妇人解放论》（原名《劳农俄罗斯中劳动的研究》之一节，列宁著，李达译）、1921年7月的《劳农俄国底妇女解放》（日本：山川菊荣著，李达译）、1921年10月的《社会主义底妇女观》（日本：山川菊荣著，李达译）、1922年1月的《女性中心说》（日本：堺利彦编，李达译）、1922年8月的《劳农俄国研究》（李达编译）、1922年10月的《产儿制限论》（日本：安部矶雄著，李达译）、1928年11月的《法理学大纲》（日本：穗积重远著，李达译）、1929年1月的《妇女问题与妇女运动》（日本：山川菊荣著，李达译）等。此类译作表面似在探讨政治问题、革命问题、妇女问题、社会问题等，但其内容关涉唯物史观和经济学理论，是李达经济学思想的相关理论基础。

2. 李达译作与其经济学思想内容的生成

在数量众多的李达译作中，唯物史观和经济学类译作占有很大比重。它们是李达唯物史观和经济学思想的重要理论基础，也是李达经济学思想的直接来源，对李达经济学思想的生成发挥着不可替代的作用。

首先，厘清了唯物史观与经济学的逻辑关系。在唯物史观视域下去研究经济学在李达译作中有多处体现。如：《马克思主义经济学基础理论》之"序"开篇就指出，"马克思主义经济学，如果离开了那哲学的基础，要正确地理解它，是不可能的"①，像这样的开篇之"序"且是首句，对译者李达来说印象不可能不深刻。《从科学的社会主义到行动的社会主义》指出，马克思主义学说是一个完整体系本不能"截然分开"，但为了研究方便才将其分为社会学和经济学上的学说，而马克思学说的基础"就是这个社会进化底原则，马克思学徒叫他作唯物史观"，马克思经济学说"就是把那躲在阶级的意识和阶级斗争柢上所有经济实事底分析说明"②，再次明确了马克思主义社会学（即哲学）与经济学关系。《社会问题总览》"总说"部分也指出，近代社会问题的中心"不在农业而在工业"，社会政策"以解决现社会中社会问题为目的"③，要根本解决社会问题"非推翻现时的社会制度和经济组织不可"④；它的社会主义理论部分指出，马克思学说可从哲学、社会学和经济学三个角度来观察，"在哲学方面是

① 河上肇著、李达等译：《马克思主义经济学基础理论》，载《李达全集》第 2 卷，人民出版社 2016 年版，第 3 页。

② 山川均著、李达译：《从科学的社会主义到行动的社会主义》，载《李达全集》第 2 卷，人民出版社 2016 年版，第 1-2 页。

③ 高畠素之著、李达译：《社会问题总览》，载《李达全集》第 1 卷，人民出版社 2016 年版，第 70-71 页。

④ 高畠素之著、李达译：《社会问题总览》，载《李达全集》第 1 卷，人民出版社 2016 年版，第 89 页。

唯物论，在社会学方面是唯物史观，在经济学方面是剩余价值观"①，而社会学还特别提到圣西门、浦鲁东把经济因素看得很重，马克思从物质各要素中"特别选出经济要素，作历史进化的根本动力"②。这些观点，一方面凸显了马克思主义哲学和经济学不可分割，另一方面强调了马克思主义哲学是经济学的理论基础，二者地位不能逆转。李达受这些观点的影响，从哲学与经济学关系出发，从社会问题引出经济问题，特别关注社会经济问题，进而推动了唯物史观的经济学向度展开。

其次，形成了李达经济学思想的直接理论来源。在李达译作中，经济学占有重要分量，发挥着独特作用。诸如《经济学入门》上篇"实际之部"，介绍了资本家社会的生产、生产力、经营主、货币及信用、商业，在内容上涉及资本主义与生产力发展、劳动者与生产、劳动立法、劳动组合、劳动工银、股份公司、货币诸形态、金属货币与纸币、商品信用、货币信用、银行与银行券、国际借贷、世界经济、殖民地、证券交易所、恐慌等；下篇"理论之部"，介绍了价值、货币、剩余价值、利润与生产价格、地代、劳动工银、资本家的蓄积与恐慌、资本主义的成熟与崩溃，内容上涉及市场、商品、价值、劳动、价格、货币职能、铸币与纸币、劳动价值法则、资本、剩余价值、利润、生产关系、原始蓄积、金融资本、帝国主义、资本主义崩坏等，是李达政治经济学思想的直接组成部分。这些概念体系和系列原理是李达《经济学大纲》《货币学概论》的直接来源。《唯物史观解说》包括目的、学说内容、实例说明以及科学知识学问、发明、法律、政治、习惯与道德、宗教与哲学、艺术、结论及真理和个人之力，文尾附有《唯物史观要旨》和译者附言。李达在日本专攻马克思主义时即着手翻译此书，并自称工作很辛苦，这本近乎处女作的译著，其理论要点尤其是结论和唯物史观要旨部分有恩格斯的唯物史观经典表述和马克思的学问径路，李达一定不会陌生。确实，该书许多重要观点，如"要把这个私的社会解剖出来，还是不外用经济学"③ 等，这些都直接成为李达经济学思想的组成部分。《农业问题之理论》是研究农业问题的专著，李达翻译时，既将视域拓展到农业经济领域，也将其与中国革命实际问题结合起来，他在"译者

① 高畠素之著、李达译：《社会问题总览》，载《李达全集》第 1 卷，人民出版社 2016 年版，第 182 页。

② 高畠素之著、李达译：《社会问题总览》，载《李达全集》第 1 卷，人民出版社 2016 年版，第 182 页。

③ 郭泰著、李达译：《唯物史观解说》，载《李达全集》第 1 卷，人民出版社 2016 年版，第 474—475 页。

例言"中重申了"农业问题是中国革命的中心问题"①。《德国劳动党纲领栏外批评》文首提出的"劳动是一切及一切文化底泉源"②，是李达劳动理论的重要来源。《土地经济论》之"地代论"，介绍了地代的发达、发生、本性以及特殊地代，这些内容是李达地租理论的来源。事实上，通过翻译国外文献获取观点、信息，一直以来都是学习和研究哲学社会科学的重要方式。李达从事的翻译工作是其经济学思想生成的重要途径。

2. 李达译作与其经济学研究对象和方法的生成

李达主张的经济学研究对象和所持的广义经济学立场，以及李达经济学研究方法，在其译作中也有许多明确的观点或体现。

关于经济学研究对象和立场。从研究对象上看，《政治经济学教程》"绪论"开宗明义，"我们着手研究经济学，首先要把经济学的对象是什么这一层，作一个大概的规定"，认为经济学首先是社会科学，经济学目的是"研究那基于物质的生产发生的社会的人与人之间的关系，即所谓生产关系"，而经济学"研究生产关系的'运动法则'，生产关系的各个类型的发生与发展的原理，它们的不可避免地灭亡与转变为更高度形态的原理"③。作为翻译者，李达对此开首即提的研究对象和目应该有深刻印象，因为他的《经济学大纲》也是与此一致的。从研究立场上看，《政治经济学教程》"绪论"专设"广义经济学与狭义经济学"一节，强调广义经济学研究一切经济构造的"根本形相"、狭义经济学仅研究资本主义经济，这与李达所持广义经济学立场是高度一致的。由此可以肯定，李达经济学思想深受《政治经济学教程》的影响。

关于经济学研究方法或路径。李达译作的方法论作用有很多体现，诸如《农业问题之理论》介绍了马克思主义者和共产国际的农业理论及政策，"绪论"指出，从马克思、恩格斯起，中经埃卡留斯、李卜克内西，到考茨基、列宁止，研究马克思主义农业理论发展过程。在方法上，"译者例言"指出，"原著者河西氏对于马克思主义的农业研究有素，书中凡属马克思派关于农业问题的理论及其实际政策等，都作有系统的历史的研究"④。这为李达动态系统地考

① 河西太一郎著、李达译：《农业问题之理论》，载《李达全集》第 6 卷，人民出版社 2016 年版，第 52 页。

② 李达译：《德国劳动党纲领栏外批评》，载《李达全集》第 3 卷，人民出版社 2016 年版，第 84 页。

③ 拉比拉斯与渥斯特罗维查诺夫合著、李达译：《政治经济学教程》，载《李达全集》第 9 卷，人民出版社 2016 年版，第 210 页。

④ 河西太一郎著、李达译：《农业问题之理论》，载《李达全集》第 6 卷，人民出版社 2016 年版，第 52 页。

察相关经济学思想史提供了"惯性思维"。《马克思主义经济学基础理论》的上篇"马克思主义哲学的基础"认为,论述顺序"一切都是踏着由抽象的东西到具体的东西的那种阶段"①,并对唯物论、辩证法和唯物史观进行了介绍;下篇"马克思主义经济学的出发点"根据《资本论》观点,认为商品分析"是资本主义社会的经济学的基础"②,并分析了商品和交换过程。这种穷追原理的基础,抓住复杂问题逻辑起点,也是李达经济学研究所用的方法。

总之,由于语言差异,翻译过程有时近乎再创作,同时阅读或翻译外国文献,尤其对社科类学生来说也是获取知识、吸收思想的重要渠道,是科学研究的重要手段。李达不断翻译与他当年学习和从事宣传工作密切相关,当他专攻马克思主义时,即凭掌握了几国语言的优势开始翻译工作,他带着强烈的理论意识,翻译了许多相关著作和文章;李达回国后又围绕中国社会革命诸问题继续译介马克思主义著作;再后来由于中国革命形势变化及他不再具有翻译条件,新中国成立之后他的工作繁重也无暇再顾翻译文事,基本没再有有影响的译作传世。李达从事翻译工作时具有极强的理论自觉,他围绕"中国社会革命"目标而选择马克思主义文献。当然,在翻译中也极大地丰富了他的思想,李达经济学思想的很多理论源头就直接来自他的译作。

四、中国经济学研究的需要

要探索李达时代的中国经济学研究状况,可以从中国的马克思主义学术史、马克思主义经济学中国化史、李达经济学探索史和一些散见论述中,大致勾勒出当时的中国经济学研究状况。

1. 马克思主义经济学的传播与中国化研究

根据中国新民主主义革命进程,马克思主义经济学在中国传播与研究,大致可以分为三个阶段:1919—1927 年初始阶段,1927—1937 年发展阶段,1937—1949 年初步成熟阶段。

第一,初始阶段(1919—1927)。本阶段主要以传播马克思主义经济学为重点,大力宣传马克思主义经济学理论。李大钊、陈独秀、李达等人都曾留学日本并接受过马克思主义教育,他们对生产力与生产关系、经济基础与上层建筑等唯物史观基本原理的阐述,以及对《资本论》等的解读,宣传了马克思主义

---

① 河上肇著、李达等译:《马克思主义经济学基础理论》,载《李达全集》第 7 卷,人民出版社 2016 年版,第 3 页。

② 河上肇著、李达等译:《马克思主义经济学基础理论》,载《李达全集》第 7 卷,人民出版社 2016 年版,第 3 页。

经济学理论。他们在"五四"之后的三次论争中，对资本主义经济制度进行了无情批判，对社会主义经济制度进行了多方介绍。李大钊、陈独秀、李达等中国早期马克思主义者和王学文等经济学家，也开始从经济层面去剖析中国贫穷落后的原因，开始初步探索中国经济发展道路。此一阶段的马克思主义经济学理论宣传和介绍还是比较零碎的、不成系统的，有的甚至是曲解的，但中国传播马克思主义经济学的成效已经初步显现，在探索中国出路上已从政治层面转到关注中国经济发展道路方面。

第二，发展阶段（1927—1937）。此阶段处于大革命失败之后和全面抗战爆发期间，全国笼罩在国民党白色恐怖统治下，但学术界仍然掀起了 20 世纪 30 年代中国社会性质和农村性质的三次大论战，马克思主义经济学家，如李达、王学文、孙冶方、薛暮桥、沈志远、陈启修等人，通过深入研究中国经济社会发展状态，指出中国社会的性质是半殖民地半封建社会，中国经济既不是封建经济，也不是资本主义经济，而是封建经济与资本主义经济的"杂然错综"。当时的经济学家也对经济学如何建设成为马克思主义经济学作了学理阐发，如王学文就主张中国经济必须为中国经济变革和社会进步服务。这些表明，此一时期的中国学者已开始将经济理论与现实问题结合起来，开启了马克思主义经济学中国化传统。

第三，初步成熟阶段（1937—1949）。此阶段处于抗日战争和解放战争期间，中国经济也异常困难，但由于中国马克思主义者们的努力，以及中国共产党人对经济工作的高度重视，也产生了一大批经济学研究新成果，出现了一大批有影响的马克思主义经济学家。当时有影响的经济学家及其代表性研究成果[1]，主要有：郭大力与王亚南翻译的《资本论》（1938 年），彭迪先的《世界经济史纲》（1939 年）和《新货币学讲话》（1945 年），王学文的《解放区工业建设》（1946 年），王亚南的《中国半封建半殖民地经济研究》（1946 年），薛暮桥的《经济学》（1946 年），许涤新的《中国经济的道路》（1946 年）、《现代经济教程》（1947 年）和《新民主主义的经济》（1949 年），王思华的《大众资本论》（1947 年）和《资本论解说》（1948 年），沈志远的《政治经济学大纲》（1949 年）等。这些成果推进了马克思主义经济学中国化研究走向成熟。

李达在上述每个阶段都做出了贡献。初始阶段，作为中国早期马克思主义经济学传播与研究主将，他从唯物史观视角开辟了经济学研究路径，拓展了唯物史观经济学向度；发展阶段，当时环境虽然十分险恶，但李达还能相对稳定

---

① 参见：吴汉全著《中国马克思主义学术史概论》，吉林人民出版社 2010 年版，第 1008 页。

地从事经济学教学与研究，故取得了一系列哲学和经济学成果，也奠定了他成为著名马克思主义经济学家的学术地位；初步成熟阶段，当其他马克思主义经济学家研究成果迭出时，李达却因在国统区和沦陷区过着颠沛流离的生活而无法专心于教学研究工作，因而失去了为中国经济学研究增光添彩的机会，他在此间仅仅偶有成果奉献于世。

2. 中国早期经济学研究几个重要发展阶段的影响

李达学习和研究经济学时期，也是中国经济学研究呈现出比较复杂情况的时期。大致说来，实业救国思潮引发了经济实践新探索，三次大论争推动了马克思主义经济学中国化，20世纪30年代大论战掀起了马克思主义经济学研究新高潮。

首先，实业救国思潮与中国经济实践发展。实业救国是辛亥革命前后中国最主要的社会思潮之一。辛亥革命前十年间，我国"大江南北，长城内外，上自中央，下至地方，乃至华侨"① 都受其熏染。持此主张的中坚人物多是思想开明、务实的知识分子，著名的就有张謇、郑观应、汤寿潜等人。他们利用各种报刊，纷纷阐发实业救国理论，主张实业"为救亡之先务"，振兴实业是"救国的根本"，呼吁全民族"倾注于实业"，提出发展实业的方针（如张謇的"棉铁主义"），探索企业经营管理方式，要求改良政治以发展实业，成为继洋务运动之后又一次中国发展实业的机遇。辛亥革命后，实业救国思潮进一步高涨，民国政府出台很多政策力推实业发展，革命派也加入了这一行列，实业救国思想又增添经济立法、理财救亡、发展国家资本、开放主义等内容，其中，最具代表性的当属孙中山经长期思考而拟成的《实业计划》（《建国方略》之一）。该计划由六部分组成，思路开阔、气魄宏伟、目光远大，计划10到20年建成三大海港、六大铁路系统、160余万公里公路网、开通三大水系及大运河，形成四通八达的交通运输网络，计划还提出了发展工农业的措施，勾画了中国经济近代化的宏伟蓝图。李达中学毕业曾立志"教育救国"，后来受孙中山的影响，两度赴日本留学，攻读理科。即便后来他因故转攻马克思主义，但发展实业以振兴经济对其影响是深刻的。他在同时代经济学家中率先探索中国产业革命道路，是他实业救国理想的拓展。

其次，中国早期三次论争与马克思主义经济学中国化。在中国早期马克思主义传播过程中，大约在1920年前后，中国思想界和学术界围绕着问题与主义、基尔特社会主义和无政府主义展开大论争。针对张东荪、梁启超等资产阶级改良主义和走资本主义道路的宣传，李达发表《张东荪现原形》《讨论社会

---

① 吴雁南等主编：《中国近代社会思潮》第2卷，湖南教育出版社1998年版，第439页。

主义并质梁任公》予以反驳。他认为仅有实业还不能满足"人的生活",而开发实业说到底就是发展资本主义,"无非是不讲社会主义去开发实业"[①];认为"社会主义在根本改造经济组织谋社会中最大多数的最大幸福"[②],提出社会主义是改变中国贫穷落后的根本道路。针对黄凌霜等宣扬个人绝对自由、否认无产阶级专政的无政府主义,又发表《社会革命的商榷》予以回击。李达指出社会革命"发生于现社会的经济状态之变动","共产主义生产组织是集中的"。这既是李达对非马克思主义或反马克思主义的回击,也是与李大钊、陈独秀、蔡和森等学者联合进行的学术大辩论,推动了马克思主义经济学中国化研究。

最后,社会性质引发的大论战与新民主主义经济学研究。在马克思主义中国化历程中,20世纪30年代掀起了关于中国社会性质、中国社会史和中国农村经济性质的论战。这一论战,时间之长(大约1927—1937年)、范围之广(上海、南京、北京等地)、参与人数之多(陈独秀、李大钊、王学文、孙冶方、薛暮桥、沈志远、陈启修、郭沫若、吕振羽、何干之、许德珩及李达、毛泽东等)、领域之宽(涉及政治学、经济学、史学、社会学等),在学术史上是罕见的。李达当时在上海、北平从事教学研究,与参加论战的许多人物都有直接接触、密切交往,他深度融入时代学术洪流,并取得了丰硕的相关成果,为时代发展贡献了智慧,也促成了他的经济学思想大发展。其中,社会性质的论战,约从1928年开始,1930年前后全面展开,1932年以后转入中国社会史问题,争论的中心是"现阶段中国社会性质",归根到底是中国革命问题。论战中,陶希圣代表的新生命派、汪精卫代表的改组派、胡适代表的新月派、严灵峰代表的动力派和一般社科工作者代表的新思潮派纷纷登场,利用或创办各种报刊发表对中国社会性质和中国革命问题的看法,这一大规模广范围长时间的学术思潮,让社会各阶层倍加关心中国前途和命运。李达当时主要在上海从事教学研究,身处论战风暴中心城市和大学讲坛,他与许德珩、陈启修等参战人员有着各种联系,深受影响。李达这一时期的学术成果,如1929年发表的《中国产业革命概观》、合译的《社会科学概论》、出版的《社会之基础知识》,对社会构成、社会进化、社会解剖等问题进行了阐述。李达在此间翻译了大量经济学著作。应该说,如此浓厚的学术氛围及论战实质是为了中国革命,无论怎样都会吸引李达关注,但由于当时上海特殊环境(白色恐怖)和他当时特殊遭遇(如受到毒打和监督),李达被迫出走北平。北平的五年,是论战持续推进

---

① 李达:《张东荪现原形》,载《李达全集》第1卷,人民出版社2016年版,第36页。
② 李达:《讨论社会主义并质梁任公》,载《李达全集》第1卷,人民出版社2016年版,第380页。

的五年。他在相对稳定环境里，出版了《社会学大纲》，从哲学上完成了对中国社会性质的分析；发表《经济科学的研究程序》《通货膨胀的讲话》《政治经济问题之处理方法》，出版《经济学大纲》《货币学概论》等，以马克思主义为指导，用"硬核"成果表明了论战立场。社会史问题的论战，从 1930 年起至 1937 年落幕，以上海、北平、天津为主战场。当时，郭沫若、吕振羽、翦伯赞等人，发表《中国古代社会研究》《史前期中国社会研究》等，对非马克思主义史学派予以坚决的回击，特别是《读书杂志》推出的《中国社会史论战专号》、王礼锡的《中国社会史论战序幕》等掀起了论战高潮，"一时《读书杂志》供不应求"，社会史问题成了公众注目的焦点，"不仅大学教授、学者、青年学生，甚至于一般社会青年、商店伙计也争阅讨论文章"①。李达时任北平大学法商学院教授兼经济学系主任，与黄松龄、吕振羽、齐燕铭等是中国大学负有盛名的"红色教授"，他讲授并印行的教材《中国社会进化史》，就是社会史论战的代表性成果。李达支持自己昔日学生、中国大学教授吕振羽讲授"中国政治思想史"，揭穿陶希圣的假唯物主义面目，鼓励并指导吕振羽研究历史，还为吕著《史前期中国社会研究》作序。这场历时十年的学术大论战，是新民主主义学术史和中国革命史的重大事件，也是李达哲学、经济学和史学思想发展和成果迭出的重要时期。大论战探讨了中国社会性质和革命问题，促进了李达经济学思想的发展。

3. 马克思主义经济学中国化研究中的问题

从经济学角度探索中国出路问题，是唯物史观的逻辑必然，也推动了马克思主义经济学中国化，但中国经济学研究的确长期存在一些问题。通过分析和批评，我们可以大致管窥那时的中国经济学研究状况。

一是中国早期经济学理论准备不足、存在过多依赖外来理论倾向。对于众所周知，新民主主义革命早期理论准备不足，这种情况在经济学领域也同样出现。近代中国在民族危机背景下开放了留学政策，使得大批知识分子留学海外，他们学西洋、仿东洋、主张走俄国道路，从国外带回各种思想，但与中国新民主主义革命风暴相比，当时革命理论明显不足，引进的马克思主义也存在研究不够状况。李达作为当时的"播火者"之一，他参加了党的创建活动和早期领导工作，深感中国革命理论缺乏。"那时候我主张党内对于马克思主义学说多做一番研究功夫，……以求对于革命理论得一个彻底的了解。"② 具体到经济学研究，他在《经济科学研究的程序》中批评得很尖锐，认为近来国内有些经济学

---

① 吴雁南等主编：《中国近代社会思潮》第 3 卷，湖南教育出版社 1998 年版，第 343 页。

② 李达：《中国所需要的革命》，载《现代中国》1928 年第 2 卷第 1 号。

课程大都是从外国大学翻译来的，甚至课程内容说明也一样。课程中既没有列入中国经济科目，所授诸科目又都采用外文书籍做教本，讲授也全用外国话。由此可见，当时的经济学研究过分依赖洋理论，制约马克思主义经济学中国化研究。

二是重经济学理论、轻经济实践倾向。这种状况，毛泽东有过严肃的批评。毛泽东最早在中国提出了"马克思主义中国化"概念，他主张的经济学是与中国经济实践相结合的经济学。延安整风期间，毛泽东在批评主观主义时指出，"我们还没有把丰富的实际提高到应有的理论程度"。他指出，经济理论方面还没有一本"合乎中国经济发展的实际的、真正科学的理论书"[1]。他对当时的学校教育也不满意，"教经济学的不引导学生研究中国经济的特点"，"经济学教授不能解释边币和法币"[2]。这里罗列的现象客观地反映了当时中国经济学研究存在的理论与实践脱节问题。

三是重西方经济理论、轻中国经济理论现象。这种状况，李达认识得很清楚。他从唯物史观出发，认为经济学的研究对象是社会经济构造，因而主张顺次研究历史上各种社会经济构造，特别是研究中国经济。他追问，"研究经济学的我们，是现代的中国人"，"我们研究经济学，能够只知道注意于世界经济，反而忽视中国的经济吗？"[3] 李达对中国经济学教学也很不满意，"像这样的教学方法，……未免太不充分"，"这样的大学经济系毕业的学生，……未免有些茫然自失"[4]。他质问，为什么最高学府经济系不提倡研究中国经济？为什么不注意养成中国经济发展的专门人才？为什么只以研究一些外国经济为满足？这些不仅表达了李达研究中国经济学的主张，也确实反映了当时中国经济学研究现状。

四是重一般性原理研究、轻特殊性研究的事实。这种状况，在中国经济和中国部门经济学研究中表现最为突出。李达分析了当时资本主义各国正在加紧实行准战时的经济政策，认为应对中国经济的特殊性作具体的研究。

通过上述分析与批评，当时中国经济学研究现状可见一斑。也正是基于此，李达深感中国理论学者责任重大，特别是国家危难时期，革命理论严重不足时代，应该有人挺身而出在经济学领域做出应有的贡献。尽管当时也有其他原因，但他为了"干社会革命"理想，为了提高马克思主义中国化研究水平，李达最

① 毛泽东：《整顿党的作风》，载《毛泽东选集》第 3 卷，人民出版社 1991 年版，第 813–814 页。
② 毛泽东：《改造我们的学习》，载《毛泽东选集》第 3 卷，人民出版社 1991 年版，第 798 页。
③ 李达：《经济学大纲》，载《李达全集》第 13 卷，人民出版社 2016 年版，第 17 页。
④ 李达：《经济科学的研究程序》，载《李达全集》第 15 卷，人民出版社 2016 年版，第 21–22 页。

终选择走上理论研究的道路，反映了他探索经济学的理论自觉。

第三节　李达探索经济学的思想历程

李达关注经济问题、学习研究经济学理论，成长为著名经济学家，经历了一个生成经济学向度、确立经济学思想、经济学思想多方面展开以及经济学思想进一步发展的过程。李达经济学思想的形成与发展，大致可分为四个阶段。

一、20 世纪初：李达经济学向度的生成

马克思主义认识论告诉我们，人的思想是实践的产物，任何思想的形成总有一定的根据，李达经济学向度的生成也不例外。影响李达经济学向度的形成的因素可能有很多，但他亲自感受到的国家经济凋敝与被掠夺、在日留学所受到的经济学理论影响等在其中占据着重要地位，也促成了他研究经济学的自觉。

1. 感受中国城乡经济的凋敝与被掠夺

在封建剥削下，旧中国农村经济凋敝是非常普遍的现象，李达自幼在家乡深刻地感受着中国偏僻农村经济的窘迫。在帝国主义侵略下的中国大城市，李达更是感到中国已是"国将不国"了。

1909 年，李达中学毕业，在绕道汉口、上海、天津赴北平报考京师优级师范学堂途中，亲身感到帝国主义对中国经济的侵略。在汉口租界，他看到外国人住在用中国人血汗修建的砖石洋楼里，感到租界是帝国主义压榨中国人的地方。从长江坐船绕道上海时，他看到宽阔江面上到处都是外国的商船炮舰，满江都是各色外国国旗，感到中国经济已经被帝国主义侵略和包围了。顺江而下至上海，李达看到"十里洋场"的上海租界更大、更是独立王国，那是帝国主义耀武扬威、横行霸道的地方，他感到中国经济在那里已经不能自主了。上海租界欺行霸市情况更为严重，他在公园就遇到写有"华人与狗，不得入内"的牌子。经过天津时，李达仍住租界，体会着租界是资本-帝国主义在中国的"国中之国"。到北平，他看到东交民巷已经俨然变成资本-帝国主义在中国的"王国"。这一路的见闻，李达悲愤地感到"中国已经变成列强统治者的殖民地了！"[①]

中国经济在帝国主义和封建主义双重压迫下，农村经济不景气，城市经济

---

① 李达：《沿着革命的道路前进》，载《中国青年》1961 年第 13-14 期合刊。

被掠夺，成为中国人民经济贫困的深层根源和主要原因；打倒帝国主义和彻底推翻封建主义，成为改变中国经济状况、改善人民经济生活的根本办法和基本出路。这些认识，后来成为李达探究经济学的基本结论。

2. 在日本学习经济学理论的影响

1913 年和 1917 年，李达两次到日本留学。第一次，初到日本的李达，集中全力学习日语、英语、德语以过语言关，但因用功过度，身患肺病，不得已回国，三年后再度赴日。这一次，立志"实业救国""科学救国"的李达报考理工科，但在学习期间备感屈辱（如日本称中国人为中国猪），特别是参与留日学生回国请愿失败后，所受打击更大，他重返日本后放弃了理工科学习转而专攻马列主义，有幸师从日本著名经济学家河上肇学习经济学。正因这个转折点，李达开始学习经济学、关注经济学、研究经济学，逐渐从爱国主义者转变为马克思主义者，从理科生转而成长为后来的哲学经济学名教授。

在日本学习期间，李达深受马克思主义哲学、经济学影响，其中对其影响最大的当属河上肇博士。河上肇（1879—1946 年），日本著名经济学家、哲学家，也是日本最早研究马克思主义的先驱之一。他有志于解决贫困等社会问题，研究资产阶级政治经济学，创刊《社会问题研究》，发表多部马克思主义政治经济学论著，如《贫乏物语》（1916）、马克思的《雇佣劳动与资本》和《工资、价格和利润》译文（1921）、《唯物史观研究》（1921）、《社会组织与社会革命》（1922）、《马克思的劳动价值论》（1922—1923）、《资本主义经济学之史的发展》（1923）、《经济学大纲》（1928）、《资本论入门》（1932）等，被称为"红色教授"。河上肇是日本传播马克思主义的名家，而中国当时的马克思主义理论又多由日本转入，所以许多中国留学生（如李大钊、陈独秀、李汉俊等）都深受河上肇影响。李达在日本学习期间，河上肇任京都帝国大学教授，由于师从关系而深受其学术旨趣影响，"河上肇是我的老师，我的经济学是从他那里学来的"[1]，李达高度认可经济学以唯物史观为基础，阶级斗争具有重要意义。也正是因为这种师从关系，李达经济学思想研究与河上肇的学术路径也有相似的地方。此外，日本其他学者的哲学和经济学著作，也对李达经济学思想的形成有着不可低估的影响，如李达在译介高畠素之的《社会问题总揽》、安部矶雄的《产儿限制论》、高柳松一郎的《中国关税制度史》等著作过程中，也从中获取了许多马克思主义经济学原理的重要观点。李达最初的学术路径是自哲学转入经济学、从唯物史观研究转入社会经济结构研究。

---

① 江明：《展读遗篇泪满襟——记李达和吕振羽的交往》，载《文献》1980 年第 4 辑。

二、20 世纪 20 年代前后：李达经济学思想的初步确立

李达经济学思想的产生与确立，有其特定的背景和经历。概而言之，大致经历了如下两个阶段。

1. 李达经济学思想的萌芽

李达第二次到日本学习期间，正值西方列强忙于欧战以及战后帝国主义重新瓜分殖民地时期，日本一度成为侵略中国经济、政治的最主要敌人，由此而引发了反日救国运动高潮。1918 年李达作为主要组织者之一，就参加了留日学生回国请愿活动，但请愿的失败使李达认识到，要想救国"只有学俄国无产阶级那样，干社会革命"[1]。李达从此转入学习、宣传和研究马克思主义的革命道路。

五四运动爆发后，正在日本学习的李达向国内报刊投稿发文，宣传社会主义有两面鲜明的旗帜[2]，即救济经济上的不平等和恢复人类真正平等的状态。随后又发表《女子解放论》，从经济角度分析女权衰落由来，号召我国女子学习欧美女权运动，争取包括"经济独立"在内的女子解放条件。这些表明李达已初步确立要用革命手段改造社会、消除经济剥削、恢复政治自由的倾向。此后，李达怀着"干社会革命目的"回到上海，参与建党伟业，成为中国共产党创始人之一。

建党前后，李达通过《共产党》月刊、《新青年》《劳动界》等杂志，发表了一系列经济学思想，如：《共产党》第一号短言开宗明义，"经济的改造自然占人类改造之主要地位"[3]；第三号短言强调，"单纯的政治不立脚在经济革命上面"[4]，革命就难以成功；第四号短言指出，共产党"主张用革命的手段改造经济制度"[5]；第五号短言提出，共产党在中国有经济的和政治的两大使命。《劳工神圣颂》热情讴歌劳动者是"普照世界的神""生金蛋的母鸡""万物的创造主"[6]，强调万物所在权属于劳动者。《社会革命的商榷》提出"社会革命不是在哲学中探求而得的，乃是发生于现社会的经济状态之变动"[7]，因而主张

---

① 李达：《自传》，载《李达全集》第 17 卷，人民出版社 2016 年版，第 397 页。
② 李达：《社会主义的目的》，载《李达全集》第 1 卷，人民出版社 2016 年版，第 4 页。
③ 李达：《〈共产党〉第一号短言》，载《李达全集》第 1 卷，人民出版社 2016 年版，第 27 页。
④ 李达：《〈共产党〉第三号短言》，载《李达全集》第 1 卷，人民出版社 2016 年版，第 347 页。
⑤ 李达：《〈共产党〉第四号短言》，载《李达全集》第 4 卷，人民出版社 2016 年版，第 5 页。
⑥ 李达：《劳工神圣颂》，载《李达全集》第 1 卷，人民出版社 2016 年版，第 39—41 页。
⑦ 李达：《社会革命的商榷》，载《李达全集》第 1 卷，人民出版社 2016 年版，第 43—50 页。

直接行动。《马克思还原》指出"人类的历史就是阶级斗争的历史"①。《告中国的农民》将眼光深入到促进农民觉醒，运用马克思主义原理从经济层面尝试阶级分析，号召农民"快起来抢回你们被抢的田地"②，等等。在此阶段，李达从多方面表达了他的经济学思想，标志着他的经济学思想开始萌芽。

2. 李达经济学思想的初步确立

李达因看不惯张国焘、陈独秀的做派，中共二大以后开始远离党组织，先后到湖南自修大学、湖南公立法政学校（后并入湖南大学法科）、湖南第一师范学校从事马克思主义理论教学与研究。此一阶段，李达重点讲授马克思主义社会学即唯物史观，他也由此开始独立思考中国社会经济问题。这期间，他最著名的学术成果要数《现代社会学》。

《现代社会学》初为李达在湖南大学法科任教时的讲稿，1926年6月由现代丛书社首次出版，到1933年再版14次。该书共分18章，李达运用半文言方式，论及了一系列社会重大问题，是对唯物史观所作的系统的深刻的阐发，也是当时中国最准确最系统阐释唯物史观的专著。《现代社会学》的出版，轰动了当时的思想界，"这部著作在当时影响之大，凡是亲身经历过那些岁月的老同志一定都不会忘却的"③，革命者几乎"人手一册"④。但此书也引起了湖南反动当局的极大恐慌，以至后来成为通缉李达的罪证——"著名共首，著有《现代社会学》"。

该著在论及经济与政治关系时，认为"大凡经济上占优势之阶级，未有不思取得政治上之优势者"⑤，即工商阶级经济实力越是增加，他们掌握国家权力的想法越迫切。在社会学与经济学关系上，指出生产力是社会进化原动力，经济关系是构成社会的基础。在社会构造上，指出社会基础是经济关系，生产关系改造"则社会之全部建筑随而根本改造"⑥。在社会发展中，指出货币产生于交换，随交换发展而发展，考察经济组织的变迁，应由"自足孤立经济而村落经济，……以趋于世界经济"⑦。在家族和氏族中，指出家族是社会生产摇篮，男女关系随经济进化而变化，"一夫一妻制既因经济的理由而生，……亦必随而消灭"；氏族制度崩坏也应由经济原因去说明，"自经济界变化之后，诸氏族与

① 李达：《马克思还原》，载《李达全集》第1卷，人民出版社2016年版，第58页。
② 李达：《告中国的农民》，载《李达全集》第1卷，人民出版社2016年版，第361页。
③ 江明：《展读遗篇泪满襟——记李达和吕振羽的交往》，原载《文献》1981年第4期。
④ 邓初民：《忆老友李达先生》，原载《人物》1964年第9期。
⑤ 李达：《现代社会学》，载《李达全集》第4卷，人民出版社2016年版，第5页。
⑥ 李达：《现代社会学》，载《李达全集》第4卷，人民出版社2016年版，第40页。
⑦ 李达：《现代社会学》，载《李达全集》第4卷，人民出版社2016年版，第40页。

诸种族混居，……使进于高级的经济范畴"①。在国家形成上，认为国家是社会
机关，以经济剥削为目的支配下层阶级，国家产生需要经济前提，"国家恒随经
济的发展而异其存在之形式"②。在社会意识上，认为社会是各个人为满足经济
欲望而直接、间接加入生产关系的结合，经济基础决定社会意识形态变化，"苟
经济组织一旦发生变化，……其内容亦不能不随而发生变化"③，社会意识变迁
关系经济组织，随经济组织成立而成立、变革而变革。在社会进化中，描述了
莫尔甘古代社会和马克思文明社会经济进化理论，指出政治、法律、宗教、哲
学、艺术进化以经济进化为基础。在社会阶级和社会问题上，指出阶级是经济
概念、政治概念和法律概念，阶级划分以经济为标准，社会问题产生是生产力
与生产关系冲突的结果。在社会思想上，认为马克思主义可以分为历史观、经
济论、政治论，它们的理论基础分别是唯物史观说、剩余价值说和劳工专政说，
其中，物质要素中最能影响社会进化而成为根本动力的要数经济要素，所以
"社会进化之原因不在于哲学而在于经济之中"④。帝国主义章节指出，帝国主
义侵略可分为政治的和经济的两种，即经济侵略是目的，政治侵略是手段，所
以"帝国主义不死，大盗不止"⑤。

《现代社会学》是李达运用唯物史观基本原理，结合个人对社会问题的理
解和思考，对相关社会理论和实际问题进行的多方面剖析。其中的经济学思想
是他独立思考的结果，标志着李达经济学思想的初步确立。

三、20 世纪 20—30 年代：李达经济学思想的多方面展开

20 世纪 20—30 年代国民党白色恐怖统治时期，李达 1927—1932 年在上海，
1932—1937 年在北京，他的每次命运转折都与革命重大历史事件相关：1927 年
从长沙到武汉，是因为许克祥在长沙发动"马日事变"，湖南形势陡变；1927
年又从武汉到上海，是因为汪精卫在武汉发动"七一五"反革命政变危及人身
安全；1932 年从上海到北平，是因为上海"一·二八"事变后学校借口迁校而
将他解聘；1937 年离开北平，是因为"卢沟桥事变"之后全面抗战开始。从大
革命失败到全面抗战爆发，李达在艰难岁月中坚守马克思主义阵地，在哲学和
经济学上都取得了辉煌成果，成为"经济学和哲学名教授"，他的经济学思想

① 李达：《现代社会学》，载《李达全集》第 4 卷，人民出版社 2016 年版，第 55 页。
② 李达：《现代社会学》，载《李达全集》第 4 卷，人民出版社 2016 年版，第 71 页。
③ 李达：《现代社会学》，载《李达全集》第 4 卷，人民出版社 2016 年版，第 76 页。
④ 李达：《现代社会学》，载《李达全集》第 4 卷，人民出版社 2016 年版，第 142 页。
⑤ 李达：《现代社会学》，载《李达全集》第 4 卷，人民出版社 2016 年版，第 176 页。

唯物史观视域下的李达经济学思想研究

获得多方面展开。

1. 1927—1932年，李达在上海五年的经济学思想展开

1927年大革命失败以后，李达流落到上海。他与友人先后创办了昆仑书店（1928）、笔耕堂书店（1932），继续出版革命书籍，还组织了"本社"，号召保持革命本分，"不要忘本，不能做损害共产党的事"①。1929年春他到上海法政学院任教，1930秋他在上海暨南大学任教，并于次年接任历史社会系主任。

在白色恐怖日趋严重的背景下，李达在上海坚持宣传和教学。如他的昆仑书店再版《现代社会学》（修正版），首版《资本论》第一卷第一分册（陈启修译）、《反杜林论》上册（钱铁如译）和《机械论的唯物论批判》（杨东纯、宁敦伍合译），笔耕堂书店冒险再版《反杜林论》（吴黎平译）等。李达还把课堂作为宣传阵地，勇敢地讲授马克思主义，受到进步青年的热烈欢迎。

李达在国民党白色恐怖时期继续坚持学术研究，为传播包括经济学在内的马列主义理论做出了难能可贵的贡献。上海这五年，是李达在极其艰难条件下继续传播马克思主义的五年，也是其经济学思想大踏步发展的五年，但其活动也引起国民党特务关注。"九一八"事变后不久，李达在一次去演讲的路上遭到特务暴打致重伤，后来暨南大学反动当局也借口迁校将他解聘。

2. 1932—1937年，李达在北平五年的经济学思想发展

1932年8月李达到达北平，应聘北平大学法商学院、中国大学教授兼经济系主任，兼任朝阳大学教授。李达、黄松龄、吕振羽、侯外庐等人被称为"红色教授"。当时的《世界日报》专栏"学人访问记"采访了60多位著名专家学者，第一篇就是《经济学和社会学名教授李达》，可见李达当时在经济学界的知名度。而且，李达担任北平大学法商学院教授，不是学校主动聘请的，而是学生们坚决要求的。当时的学生对经济学和社会学类课程不感兴趣，但李达上课却吸引了很多学生，系外校外的学生也常来听他讲课，李达成为最叫座教授②。在中国大学，李达是"进步势力的中心人物"，"威信很高，学生不听校长的，而听他的"，成为"进步师生和反动派作斗争的一面旗帜"③。

在北平的五年，李达深入研究唯物史观、史学、政治经济学和货币学，撰写出《社会学大纲》《经济学大纲》《货币学概论》《社会进化史》等"四大名作"，以及《辩证逻辑与形式逻辑》、《中国现代经济史之序幕》和《中国现代经济史概观》等论文，还翻译了西洛可夫、爱森堡等著的《辩证法唯物论教

① 邓初民：《九十述感》，原载《湖北文史资料》1981年9月第3辑。
② 侯外庐：《为真理而斗争的李达同志》，载《光明日报》，1981年6月18日。
③ 江明：《展读遗篇泪满襟——记李达和吕振羽的交往》，载《文献》1980年第4辑。

程》（与雷仲坚合译）、拉比拉斯等著的《政治经济学教程》（与熊得山合译）等。这些著译集中在哲学、经济学领域，奠定了他被称为"经济学和社会学名教授"的学术地位。这些著述和译作也促进了李达哲学和经济学思想突飞猛进地发展。

《社会学大纲》被毛泽东誉为"中国人自己写的第一部马克思主义哲学教科书"[①]，并读了十遍。1961 年，毛泽东当着李达的面再次肯定了该书并主张重新编印，李达晚年的重要学术成果之一就是据此书编写了《马克思主义哲学大纲》上册（《唯物辩证法大纲》）。《社会学大纲》是李达作为马克思主义哲学家的代表性作品，它最能反映哲学与经济学的关系；李达在《序》中开门见山地指出，《社会学大纲》是《现代社会学》"绝版后的新著，内容完全不同了"，同时也指出"我的研究工作重心，已经移到经济学货币学方面"[②]，说明了李达阶段性的学术重心偏移。该书的内容共分为五篇，其中，"社会的经济构造"置于前两篇马克思主义哲学（唯物辩证法、唯物史观）之后、后三篇社会结构（经济构造、政治建筑、意识形态）之首，凸显了它在哲学之后的地位，也凸显了它是上层建筑的基础地位。"社会经济构造"又细分为两章，其中的"生产力与生产关系"部分，从劳动过程、自然与社会切入，具体介绍生产力和生产关系，以及二者之统一即生产方式；"经济构造之历史的形态"部分，先是介绍了现代社会之前的各种社会经济构造，而后又重点介绍了资本主义和社会主义的经济体系。这是从马克思主义哲学基本原理特别是唯物史观出发阐述的马克思主义政治经济学基本概念及其关系。李达将社会经济构造置于社会有机体理论之中，从整个社会形成演变过程去系统把握各种社会经济构造特征。

《经济学大纲》同样受到毛泽东的肯定，"我现在已读了三遍半，也准备读它十遍"[③]。该书主张"广义经济学"，认为经济学的研究对象是社会经济构造，经济学的研究范围是顺次研究历史上各种经济形态。李达还强调广义经济学立场不仅有纯理论意义，并且还有实践意义，"为了求得社会的实践的指导原理才去研究它们"[④]。李达还提出了研究经济学的目的和态度。由于 20 世纪 30 年代的特殊背景，该书主要论述了先资本主义和资本主义经济形态两大部分，社会主义经济形态和中国经济形态没有来得及详细展开。

《货币学概论》也被学者们誉为"中国人最早系统阐述马克思主义货币理

---

① 郭化若：《在毛泽东身边工作的片断》，载《解放军报》，1978 年 12 月 28 日。
② 李达：《社会学大纲》，载《李达全集》第 12 卷，人民出版社 2016 年版，第 3 页。
③ 郭化若：《在毛泽东身边工作的片断》，载《解放军报》，1978 年 12 月 28 日。
④ 李达：《经济学大纲》，载《李达全集》第 13 卷，人民出版社 2016 年版，第 12 页。

论的一本专著"，该书当时是作为教材印发的，但因抗战爆发直到 1949 年新中国成立之后，李达才得以对其进行最后修订出版。该书考察了货币交换的历史，揭示了货币形态和本质，批判了货币拜物教及商品拜物教，揭批了资产阶级货币金属说、货币名目说和货币数量说，分析和介绍了很多货币学的相关内容。

此外，《社会进化史》是在中国社会史大论战背景下写就的，李达根据马克思主义唯物史观原理，剖析了人类社会进化历程和发展趋势；中国现代经济史论文，是李达拟写的《中国现代经济史》一部分，1935 年 5 月和 9 月李达将其部分章节在《法学专刊》上发表，文中根据中国近代经济发展进程对中国近代经济史进行了描述，实是以人类经济活动为主线对中国近代经济发展规律进行的总结。

四、20 世纪 30—40 年代以后：李达经济学思想的发展

抗战全面爆发后，李达命运多舛，饱受国破家亡之苦。他在坚持中抗争，在艰难中谋生，学术研究活动一度中断。单就经济学情况来看，除 20 世纪 40 年代应聘广西大学和广东坪石中山大学短暂从事经济学教学以外，他在动荡岁月中很难再有相对稳定的环境专门从事研究工作。新中国成立以后，李达因承担政务，忙于高等教育管理，再加之他的学术关注方向转向马克思主义哲学中国化，特别是毛泽东哲学思想研究、马克思主义法学思想研究，他无暇专顾经济学。但从思想脉络中，仍然可见李达经济学思想的发展轨迹，特别是他更加关注社会现实和社会主义经济建设，关注当时苏联和新中国的经济建设。

1. 1937 年抗战爆发到新中国成立前，颠沛流离中的李达经济学思想发展

1937 年"七七事变"爆发，北平沦陷，李达被日本宪兵搜捕，夫人王会悟遭受毒打，李达此前因回乡探望病父躲过一劫。此后，他收到广西大学的聘书，但当绕道香港、广州、梧州到达桂林时却被告知其已被解聘。同年 8 月，李父病故，他回家奔丧。1938 年 2 月，李达再次应聘广西大学。同年冬，受冯玉祥之邀于次年到重庆为其主持研究室。1939 年 9 月，李达离开重庆到桂林，拟再回广西大学教书时，因推荐他的白鹏飞校长被排挤，李达也失业了。1940 年春，李达返回故乡，同年秋又应聘广东坪石中山大学，不及一年又被伪教育部电令解聘。李达只得重返故乡，于艰难中坚持著述，1941 年 9 月发表《中国社会发展迟滞的原因》（曾为《熊得山中国社会史论》代序）。此后，李达失业在家，无书可读，无研可做，每天还要躲警报，几成难民。1944 年 8 月，零陵沦陷，日军追捕，逃难途中，书信手稿尽失，他东躲西藏达一年之久。李达流落或待在家乡受监视期间，拒与权贵合流，决不为国民党及日伪分子做事，但对

人民群众则忠心尽力，他在家乡创办了辅仁小学，实施免费教学。

抗战胜利之后，李达仍然过着被国民党特务监视的生活。1947 年他经友人推荐到湖南大学法学院任教，但湖南反动当局百般刁难，对他做出种种限制，如不准参加政治活动，不准公开发表讲演，不准在家接见学生，不准讲授社会学，李达也以"三不"（不说话、不写稿、不发表）予以应对。李达重回湖南大学受到了同学们的热烈欢迎，但学校当局强令他只能教授不熟悉的法理学。李达以顽强的毅力，克服重重困难，1947 年终于写成马克思主义《法理学大纲》，关以该书作为湖南大学法律系教材。1948 年初，李达先后整理出版了《先资本主义的社会经济形态》（由《经济学大纲》结论及第一部分整理而成）、《新社会学大纲》（由《社会学大纲》第 2~5 篇历史唯物主义部分整理而成）。李达此间在湖南大学成为领导进步师生渡过黎明前黑暗的一面旗帜，而他本人则被湖南反动当局列为黑名单之首。

从抗战爆发到新中国成立前，李达过着颠沛流离的日子。他的经济学教学与研究在整体上处于时断时续中，他的经济学思想发展集中体现在《中国社会发展迟滞的原因》一文中。该文从中国社会史出发，直击中国三千年长期停顿于封建社会的原因，他认为西欧封建时期不过八九百年就转入现代社会，而中国社会发展却长期处于迟滞。李达将其原因概括为八个方面：第一，战乱频繁，人民生命财产遭受空前浩劫，破坏了生产力发展；第二，封建力役众多，阻碍了生产力发展；第三，封建剥削繁重，生产力难以得到发展；第四，宗法制下聚族而居的村落公社生产关系简单，不能孕育新生产力；第五，封建政治机构巩固封建生产关系，阻碍新生产力孕育；第六，农民阶级不能担负新生产方法，新兴工商业阶级脆弱，担负不起社会转型使命；第七，科学不发达难以推动经济发展，作为巩固封建统治秩序的精神支柱的儒家学说注重内省而对心外世界熟视无睹，中国科学难以发达；第八，中国地理环境特殊性在于地域辽阔、文化发达、周边民族小国非常落后，经济缺乏竞争，不能激励中国生产力发展。贯穿这些原因的主线，是中国社会经济构造的特殊性，即中国封建社会生产关系难以推动生产力发展。李达依据唯物史观原理，以中国经济社会发展状态为现实依据，分析中国社会发展迟滞的深层原因，揭示了中国经济社会发展的诸多现象，列举了大量的具体数据，实际上提出了和平稳定是经济社会发展的客观条件、科技是推动经济社会发展的重要力量、文化开放是经济社会发展必要条件等观点。

2. 新中国成立以后，李达经济学思想的继续发展

新中国成立前夕，李达受毛泽东之邀辗转到达北平参与新政协筹备工作，出席政协一届全体会议，重新入党。新中国成立以后，他又先后担任湖南大学和武汉大学校长，并兼任中国哲学学会会长、第三届全国人大常委会委员等一系列学术和行政职务。

由于新中国成立之初的高等教育恢复重建任务非常繁重，加之繁杂的政务及体弱多病，李达学术研究很难再有时间保证。如：1950 年初他到湖南大学任校长，致力于改造旧湖大，为建设人民的新湖大做出了重要贡献；1953 年初又调任武汉大学任校长，为把武大建设成为社会主义新型大学，他在那里勤恳工作十三年，直到含冤去世，成为目前武大历史上任期最长的"老校长"。李达强调以教学为中心，提出"一切服从于教学"的口号，在湖大制订了"进步思想、健全体魄、科学知识"三位一体的教育方针，抓住思想改造环节，带头成立政治课委员会，带头讲课并主编《社会发展史讲义》；在武大从思想政治工作入手，组建马列主义教研室并兼任主任，创建马列主义夜大学，加紧培养马列主义师资。他特别注重提高教学质量和科学研究、文理科系建设等工作，并参加了很多政务会议和学术会议。

新中国成立后，李达学术研究方向也有多方面的变化。在湖大，李达致力于研究和宣传毛泽东哲学思想，1951 年在《新建设》上分 4 期连续发表《〈实践论〉解说》，1952—1953 年在《新建设》上分 7 期连续发表《〈矛盾论〉解说》，后来汇编成《"两论"解说》，为毛泽东思想大众化做出了杰出的贡献。在武大，1954 年新中国首届全国人大召开前后，他在《新建设》《新武大》杂志上连续发表《谈宪法》《学习宪法，拥护宪法》《我国宪法是人民革命胜利的保障和为社会主义斗争的旗帜》《学习中华人民共和国宪法》，1956 年出版《中华人民共和国宪法讲话》，为学习和宣传新中国宪法做出了突出贡献；1954—1958 年间，他连续发表了批判胡适、梁漱溟、费孝通、马哲民[①]、徐懋庸[②]等人的系列文章，加入到新中国成立后思想文化界的思想批判运动行列；1958—1959 年，李达在《理论战线》开辟"历史唯物主义讲座"专栏，分 8 章系统地讲解了唯物史观，为后来拟编的《马克思主义哲学大纲》下册（历史唯物主义部分，上册后来定名为《唯物辩证法大纲》）奠定了基础，"关于历史唯物论

---

① 马哲民（1899—1980），湖北黄冈人，1924—1926 年留学日本，1942 年加入中国民盟并当选为中央常委，1950 年任武汉大学法学院院长，1953 年任中南财经学院院长，1957 年被错划为右派。

② 徐懋庸（1911—1977），浙江上虞人，早年参加大革命运动，1933 年参加中国左翼作家联盟，1938 年到延安，先后担任抗大政教科长、冀察热辽联大校长等职。新中国成立后，先后任武大党委书记、副校长、中南文化部副部长、教育部副部长等职，1957 年被错划为右派。

部分的编写，……大部分经过修改是可以采用的"①。此外，李达还发表了许多具有学术含金量的讲话、报告，以及论及教育、科技、文化、哲学等方面的文章。但李达在新中国成立后也受到"左"倾思潮的影响，他的反右批判也存有过于武断和政治化的倾向，对"大跃进"运动等也曾持热情歌颂态度。

综合新中国成立后李达的工作和学术研究线索，李达经济学思想的发展脉络，仍然可从其各种散见的论文、著作、教学和讲话中大致勾勒出来。一是热情歌颂社会主义经济建设的伟大成就。如：1958 年他在《伟大的十月社会主义革命万岁》中热情讴歌"十月革命开辟了人类历史的新纪元"②，指出在苏联帮助下社会主义阵营在军事、政治、经济、科学、文化等方面均已压倒了帝国主义阵营。他在《我国现阶段的上层建筑和经济基础的关系》中也指出，"我们在社会主义建设和改造方面取得了巨大的成绩"③，从而充分肯定了社会主义苏联和中国经济建设伟大成就。二是特别关注新中国经济建设。如：他在 1958 年《元旦献辞》中指出，"第一个五年计划已经提前和超额完成"，1958 年"我国将开始实行社会主义建设的第二个五年计划"④。1958 年为《理论战线》所作的发刊词指出，"只有在政治战线和思想战线也完成了社会主义革命，才能使社会主义制度最后地巩固起来"⑤。他不仅对我国社会主义经济建设成就进行适时宣传，也对我国经济建设进度进行了准确研判。三是注重从人类社会发展进程去研究经济学。如：他在"历史唯物主义讲座"第二章指出，"历史上的社会经济形态各有其特殊性，只有从个别的社会经济形态入手，阐明其特殊的发展规律，才能根据对各个社会经济形态的研究，去阐明存在于一切社会经济形态的一般发展规律"⑥。李达立足唯物史观，总是将社会经济形态演变置于人类社会发展规律之中去考察。四是对社会主义经济规律有了新认识。如：他在"历史唯物主义讲座"第七章中指出，"我们党努力组织经济工作，发展了国营经济和劳动人民的合作经济，培养了大批善于做财政经济工作的干部"⑦，这是他认识到做好社会主义经济工作需要培养经济人才的思想。他在"历史唯物主

---

① 李达：《致陶德麟的信》，载《李达全集》第 20 卷，人民出版社 2016 年版，第 471 页。

② 李达：《伟大的十月社会主义革命万岁》，载《李达全集》第 18 卷，人民出版社 2016 年版，第 437 页。

③ 李达：《我国现阶段的上层建筑和经济基础的关系》，载《李达全集》第 18 卷，人民出版社 2016 年版，第 411 页。

④ 李达：《元旦献辞》，载《李达全集》第 18 卷，人民出版社 2016 年版，第 328–330 页。

⑤ 李达：《〈理论战线〉发刊词——开辟哲学社会科学战场》，载《李达全集》第 18 卷，人民出版社 2016 年版，第 331 页。

⑥ 李达：《历史唯物主义的对象》，载《李达全集》第 19 卷，人民出版社 2016 年版，第 89 页。

⑦ 周可、汪信砚：《李达年谱》，人民出版社 2016 年版，第 218 页。

讲座"第八章中也提到，社会主义经济规律包括"社会主义基本经济规律、国民经济有计划按比例发展的规律、劳动生产率不断提高的规律、生产资源优先增长的规律（即社会主义积累的规律），以及按劳分配的规律"①。这是他对社会主义经济规律基本内容的新概括。五是拓展了马克思主义经济学研究范围和研究方法。如：关注到科技与经济建设的关系，1959年李达在《掀起理论学习的高潮》中指出，"我们的国家已经进入了以技术革命和文化革命为中心的社会主义建设的新时期"，"科学的发展决定于工农业生产的发展，……没有科学的高度发展，就不可能建立起现代工业和现代农业"②。李达还关注到教育与经济的关系，如1963年他在庆祝武汉大学建校五十周年讲话时提出，"必须把资产阶级的高等教育体系改造成为社会主义的高等教育体系，以适合新的国民经济发展的要求"③。在研究方法上，李达强调学习马列主义应当在生产斗争和阶级斗争中去学习，"体力劳动者必须和脑力劳动者密切结合，才能很好地建成社会主义社会"④。这种办法非常适合当时的经济学研究，再现了李达的实践经济学主张。

但是，李达经济学思想也明显受到"左"倾思想影响，如：在对社会主义总路线的认识上，他在1959年"历史唯物主义讲座"中对其作了充分肯定，并认为社会主义总路线经历了社会主义和资本主义两条道路、多快好省与少慢差费两种建设方法的斗争，之所以是"唯一正确的路线"，是"因为它是社会主义经济规律的正确反映"⑤。1960年他在《高举毛泽东思想和总路线的红旗前进》中赞道，"在总路线、大跃进、人民公社的旗帜下，……有如波涛澎湃，万马奔腾"⑥。很明显，李达这个时期对社会主义经济建设规律的认识也烙上了时代的痕迹，他相信社会主义到共产主义可以很快实现过渡。这些认识，符合人们尚未掌握客观规律而探索难免要付出代价的认识规律，它再次提醒人们研究理论、掌握规律的重要性。当然，思想是实践的产物，处在那样的时代，我们也不能苛求李达能够独善其身。

① 李达：《从社会主义到共产主义》，载《李达全集》第19卷，人民出版社2016年版，第319页。
② 李达：《掀起理论学习的高潮》，载《李达全集》第19卷，人民出版社2016年版，第50页。
③ 李达：《贯彻党的教育方针　办好社会主义大学》，载《李达全集》第19卷，人民出版社2016年版，第461页。
④ 李达：《在宣布批准下乡劳动锻炼名单的大会上的讲话》，载《李达全集》第19卷，人民出版社2016年版，第327页。
⑤ 李达：《从社会主义到共产主义》，载《李达全集》第19卷，人民出版社2016年版，第319页。
⑥ 李达：《高举毛泽东思想和总路线的红旗前进》，载《李达全集》第19卷，人民出版社2016年版，第341-342页。

第二章　李达经济学思想的理论基础

李达是中国马克思主义史上"百科全书式"学者，唯物史观是他全部学术的理论基础。李达学习、宣传和研究马克思主义的轨迹，大致循着留学专攻马克思主义，早年致力于社会主义、侧重于唯物史观，后来偏爱经济学、关注唯物辩证法，再后来又涉足史学、法学、教育学等多个领域。李达是理论家。李达治学始于对"中国向何处去"的思考并始终围绕中国革命而开展学术研究。他先参加革命实践，后转向理论研究。李达是哲学家，又是经济学家。李达先致力于唯物史观研究，后转入经济学领域。深入挖掘李达经济学思想，必先厘清它与唯物史观的关系。

唯物史观科学地揭示了人类社会历史发展规律，是马克思两个最伟大发现之一[1]，是人类哲学史上的革命性变革。李达认为，唯物史观内在地包括着社会经济结构、社会政治结构和意识形态结构，其中，经济结构是人类社会的经济基础，政治结构和意识形态结构是人类社会的上层建筑。唯物史观内在逻辑也是李达从唯物史观转到经济学研究的逻辑进路。李达在《经济科学研究的程序》中提出，"研究经济科学或社会科学，首先须有哲学的素养"[2]。李达主张研究各种经济学说和经济史，研究中国经济，并立足于唯物史观对中国产业革命、政治经济学、货币学、中国近现代经济史、社会主义和共产主义经济等进行过较为系统深入的研究。

第一节　唯物史观与对中国产业革命的探索

李达早年致力于唯物史观的学习与宣传，较早地对中国产业革命进行过系

---

[1]　恩格斯：《在马克思墓前的讲话》，《马克思恩格斯选集》第 3 卷，人民出版社 1995 年版，第 776 页。

[2]　李达：《经济科学研究的程序》，载《李达全集》第 15 卷，人民出版社 2016 年版，第 14 页。

统深入研究。《现代社会学》（1926 年）、《中国产业革命概观》（1929 年），就是他在这个时期研究唯物史观、探索中国产业革命的代表性成果。

一、唯物史观与《中国产业革命概观》

《中国产业革命概观》被称为"中国人用马克思主义观点系统分析中国近代经济的第一本著作"，也是李达早年运用唯物史观开展产业研究的代表作，该著作开启了李达经济学思想中国化研究，标志着李达经济学思想开始初步确立。

1. 李达早年致力于唯物史观学习与探索

李达接触唯物史观始于日本留学期间。1918 年李达从日本报纸上获悉十月革命消息后，开始留心并阅读有关马列主义文章。1918 年 6 月，他参加"留日学生救国团"归国请愿失败后，重返日本开始专攻马克思主义。李达留学期间初步学习了唯物史观说、剩余价值说、阶级斗争说，以及《资本论》第一卷、《国家与革命》等马克思主义理论最基本的著作。尽管那时李达"对马克思主义的了解还是极其肤浅的"[①]，但他根据唯物史观原理已初步认识到社会主义是中国革命的出路。五四运动爆发后，他向国内投稿发表文章，阐明社会主义主张。他翻译《唯物史观解说》等著作，向国内介绍马克思主义。

1920 年 8 月李达回国，先后参与《新青年》编辑，主编《共产党》月刊。他立足于唯物史观，陆续发表《劳动者与社会主义》《劳工神圣颂》《共产党短言》等文章，大力宣传社会主义；又发表《张东荪现原形》等系列文章，运用唯物史观对基尔特社会主义、无政府主义进行坚决批判。中共一大之后，李达主持人民出版社，出版了一系列马克思主义书籍，也出版了他的译著《唯物史观解说》及其附录《马克思唯物史观要旨》，继续宣传唯物史观。1922 年冬李达受邀到湖南自修大学任学长，主讲唯物史观等课程。湖南自修大学被查封后，他又应聘到湖南公立法政学校（后为湖南大学法科）和湖南第一师范学校继续讲授唯物史观。著名历史学家吕振羽就是那时旁听李达的"新社会学"而受到唯物史观启蒙教育的，"李达老师是我国有系统地传播唯物史观的第一人"[②]。1926 年 6 月，李达出版了自己的第一部专著《现代社会学》，该书在他唯物史观教学基础上写成，是联系中国实际阐述唯物史观的集大成之作，代表了当时中国马克思主义者所能达到的理论水平，它以半文言的风格对唯物史观学说进行了全面阐释。该书也是李达那时研究唯物史观的系统总结，它在唯物史观基础上对一系列革命问题进行了创造性探索，开启了马克思主义哲学中国化研究。

---

① 李达：《沿着革命的道路前进》，载《李达全集》第 19 卷，人民出版社 2016 年，第 420 页。

② 江明：《展读遗篇泪满襟——记李达和吕振羽的交往》，载《文献》1980 年第 4 辑。

1926 年 10 月，李达应邀到武汉国民革命军中央军事政治学校工作并讲授社会科学概论，继续宣传唯物史观。

大革命失败后，李达于 1927 年冬前往上海。1928 年他与友人合创昆仑书店，首次出版《资本论》（第一卷第一分册），1929 年又出版《社会科学概论》等书籍。此间，李达还发表了《民生史观》《民生史观和唯物史观》《三民主义之社会学的研究》《中国所需要的革命》《现代中国社会之解剖》《中国农业人口之阶级分析》等论文，从不同角度论述唯物史观和中国现实问题。1929 年 1 月，李达的《中国产业革命概观》出版，此后他到上海法政学院任教，仍讲唯物史观。1930 秋，他到上海暨南大学任教，讲授辩证唯物主义，次年接任历史社会系主任。

综观李达早年理论学习和探索的经历，其重心是学习、宣传和运用唯物史观。反过来说，唯物史观也是李达探索实践问题、开创学术研究的理论基础。

2. 李达运用唯物史观探索中国产业革命

《中国产业革命概观》被学者们称为马克思主义经济学中国化的开启之作，也是李达运用唯物史观分析中国现实问题的早期代表作。

在该著中，李达运用唯物史观原理分析了中国产业革命。他指出当时中国已经踏入产业革命进程，"一切政治和社会的变动，都是随着产业革命进行的"[1]，阐明了产业革命意义和特征，"产业革命是促成现代社会的发生和成长的东西"[2]，比较了中国产业革命与欧洲产业革命的异同，并对中国的农业、手工业及其过程、近代企业过程和现状、中国境内资本主义发展等进行了系统考察，提出了发展中国产业的三大对策，即打破帝国主义侵略、廓清封建势力及制度、充分考虑中国社会问题的特殊性等。

李达论述中国产业革命进程，以唯物史观的人类社会基本矛盾原理为基础，从动态角度分析了中国产业革命的实际过程，深刻地把握了社会基本矛盾变化，剖析了中国产业革命的必然性和发展进程。

二、李达对中国产业革命的探索

1929 年发表的《中国产业革命概观》，是李达在大革命失败后的险恶环境和非常艰难条件下坚持马克思主义理论研究的成果之一，该书内容非常丰富。

第一，中国产业革命的目的。《中国产业革命概观》的革命目的非常明确，因为它是为回答大革命失败后"中国向何处去"的时代命题而生的。该著开宗

---

① 李达：《中国产业革命概观》，载《李达全集》第 5 卷，人民出版社 2016 年版，第 3 页。
② 李达：《中国产业革命概观》，载《李达全集》第 5 卷，人民出版社 2016 年版，第 4 页。

明义："要晓得现代的中国社会究竟是怎样的社会，只有从经济里去探求。"李达也公开谈到编写《中国产业革命概观》的动机，只有正确分析中国经济发展的倾向，"才能了解革命的理论，树立建设的计划"①。

第二，中国产业革命的意义。李达认为，产业革命是指某个时代产业史上大的变革而言的，"社会随着产业革命的进行，……都发生了非常的变革"②。李达指出，要了解近代社会发展及其特征，要晓得现代社会问题真相，就必须了解产业革命过程中的各种情况。李达由此认为社会变革与产业革命有密切关系。所以，他主张要获得中国社会改造的理论，只有到中国产业革命过程中去寻找。

第三，中欧产业革命之比较。李达认为，中欧产业革命在形式上大致相同，但原因和内容却有很大区别。从原因来说，欧洲产业革命可分为远因和近因，其中的远因在于印度航路和美洲新大陆的发现，近因在于机器和蒸汽机的发明。就内容来说，欧洲产业革命因市场扩大、手工工场不能应付、生产者改良、各种机器陆续发明而起，因而属于内力所致；中国产业革命整体上是属于外力所致的，产业革命的因素因为受帝国主义外力压迫而由世界渗入中国，这也就是为什么说中国虽然踏入产业革命进程，甚至有的产业已发展到初期资本主义阶段，但最终还是陷入半殖民地，原因就在于中国早已受到国际资本主义限制。李达结合中欧产业革命历史进程，依据唯物史观的生产力与生产关系原理，对二者进行了比较。

第四，农业、手工业和近代企业情况分析。一是分析农业及其崩溃过程。李达运用当时采集到的数据，对全国耕地面积和农家户数、农业经营形态及其变迁、耕地分配形态等情况进行了分析，对中国农村经济破产现状进行了描述，指出中国农村经济破产的主要原因在于帝国主义侵略、封建政治剥削、土豪地主剥削，以及农村文化落后、耕种方法不良、交通阻碍等方面。二是分析手工业及其凋落过程。李达通过介绍手工业现状，指出中国家内小工业已从旧式手工业转到能够利用简单机器的家内小工业了。三是分析近代企业及畸形发展过程。李达立足于中国社会发展进程，依次介绍了近代军用工业兴起，以及官办及官督商办事业时代、外资侵入与民族工业萌芽时代、收回利权运动与保护民族工业时代、杯葛运动与工业自立萌芽时代的近代企业发展情况。李达在这里同样运用唯物史观的生产力与生产关系原理，分析了中国农业、手工业和近代企业的发展变化过程。

---

① 李达：《中国产业革命概观》，载《李达全集》第 5 卷，人民出版社 2016 年版，第 3 页。
② 李达：《中国产业革命概观》，载《李达全集》第 5 卷，人民出版社 2016 年版，第 5 页。

第五，中国近代企业现状和境内资本主义发展。一是中国近代企业现状。李达运用当时能够搜集到的数据，对一些重要行业的情况进行了概述，对其成因进行了逐一分析。二是中国境内资本主义发展。李达分析了银行、外债等国际资本侵入对中国资本主义的破坏和影响，分析了官僚资本、商业资本、银行资本和工业资本的形成或演化过程，指出中国经济的这些多种倾向性是造成中国经济混乱的原因，因而要谋求中国经济发展，"必须打破政治的混乱，求得民族的独立"①。李达这里依据唯物史观的经济基础决定上层建筑原理，分析了中国近代企业和资本主义发展过程。

第六，怎样发展中国产业革命，这是基于上述研究的结论部分。李达通过分析中国近代经济演变中的帝国主义侵略、封建农业瓦解和挣扎、民族资本主义形成和萎缩等三个互相交错的过程，认为革命目的是为了解决大多数人的生活问题，而要达到这个目的就得发展产业。

综之，李达依据唯物史观对中国产业革命进行了探索，分析了产业革命发展趋势，揭示了中国社会革命与产业革命的关系，探讨了发展中国产业的途径，实际回答了"中国向何处去"的时代之问，开启了中国马克思主义经济学的研究范式。

第二节　唯物史观与对政治经济学的研究

20世纪30年代，李达的学术重心有两次非常大的转变，直接影响到李达的研究方向和研究成果：一是哲学研究路径的转变，即李达由早年学习、宣传和研究唯物史观为主，渐次转到20世纪30年代兴起的唯物辩证法研究热潮之中。二是20世纪30年代后期由哲学研究转入经济学研究。这两次转变都取得了丰硕成果，李达获得了哲学和经济学研究双丰收，被学界称为李达北平时期的"四大名作"即产生于此时。但为了叙述方便，本书将根据李达经济学研究不同领域而把相关哲学成果与经济学成果放在一起论述。以下重点考察《社会学大纲》与《经济学大纲》，它们是当时李达的唯物史观和政治经济学研究的代表性学术成果，更是他的哲学和经济学思想成熟的重要标志。

一、唯物史观与《经济学大纲》

《经济学大纲》是李达根据辩证唯物论和历史唯物论基本原理，创造性地

① 李达：《中国产业革命概观》，载《李达全集》第5卷，人民出版社2016年版，第80页。

对人类社会的经济构造进行研究的专著。唯物史观是《经济学大纲》的理论基础，《经济学大纲》丰富了唯物史观内涵。

1. 李达哲学研究路径的转变丰富了唯物史观内涵

马克思主义早期传入中国的时候，出于当时中国革命的需要，最先被宣传和研究的主要是唯物史观，而且多与政治类著作和文章混在一起。单就马克思主义哲学传播来说，当时除了瞿秋白等少数理论家对唯物辩证法进行过一些介绍外，很少再有其他人论及这方面内容。但马克思主义哲学是一个整体，唯物辩证法与唯物史观共同构成马克思主义哲学基本内容，当时中国革命实践也使人意识到，唯物主义历史观"只有借助于辩证法才有可能"①。没有革命理论，就没有革命实践。中国共产党成立之后即担负起领导中国革命的重任，但由于革命理论准备不足，给革命实践带来了严重挫折，1927 年大革命失败即是惨痛教训。因此，继唯物史观之后，20 世纪 30 年代"唯物辩证法热"在中国应运而生。当时的盛况，著名思想史家郭湛波评价说：辩证唯物论的思想"大有一日千里之势"②。吴西岑也认为，辩证唯物论"已成为一个中国思想界流行的时髦名词了"③。就连一贯反对辩证法的张东荪也被迫承认，赞成唯物辩证法的书籍"现在大有满坑满谷之势"④。当时的唯物辩证法热，由此可见一斑。

20 世纪 30 年代，李达哲学研究的路径也由早年侧重学习和宣传唯物史观，逐渐转到宣传和研究唯物辩证法上来。李达与友人熊得山、邓初民等在上海合作创办昆仑书店，首次出版素有"辩证法经典"之称的《资本论》第一卷第一分册，以及出版恩格斯的《反杜林论》上册和《费尔巴哈论》、河上肇的《马克思主义经济学基础理论》、塔尔海玛的《现代世界观》等译著。李达以夫人王会悟笔名"王啸鸥"名义创办笔耕堂书店，冒险再版《反杜林论》，出版拉比托斯和渥斯特罗维查诺夫合著的《政治经济学教程》、西洛可夫著的《辩证法唯物论教程》，以及苏联卢波尔的《理论与实践的社会科学根本问题》等著作。他还出版《社会学大纲》，发表《动的逻辑》《辩证法的逻辑》《辩证法的唯物论问答》《唯物辩证法三原则的关系》《形式逻辑扬弃问题》等，提出"动的逻辑就是唯物辩证法"，"辩证法的逻辑就是唯物辩证法"等观点。

上述著译，不乏有涉及唯物辩证法与经济学关系或对革命者产生极大影响的名作。如：李达在《政治经济学教程》"译者例言"中指出，本书采用"严

① 恩格斯：《〈社会主义从空想到科学的发展〉1882 年德文版一版序言》，载《马克思恩格斯选集》第 3 卷，人民出版社 1995 年版，第 692 页。

② 郭湛波：《近五十年中国思想史》，山东人民出版社 1997 年版，第 192、281 页。

③ 吴西岑：《机械的唯物论与布哈林》，载《动力》创刊号 1930 年。

④ 张东荪：《弁言》，载《唯物辩证法论点》，北平民友书局 1934 年版，第 4 页。

格的辩证唯物论的立场,正确地考察了经济学的诸问题"①。可见,他已开始采用辩证唯物论和历史唯物论立场研究经济学。李达在《辩证法唯物论教程》"译者例言"中指出,本书"是辩证唯物论的现阶段,是辩证法唯物论的系统的说明"②。毛泽东哲学思想深受该书影响,1936 年底至次年春,他在延安细读此书并写下一万二千多字的批注,该书是毛泽东《实践论》思想的重要来源。许多革命者也视《辩证法唯物论教程》为精神食粮,有的人甚至在监狱里或战场上还带着它,魏文伯③就是其中一例。

与《经济学大纲》相联系,《社会学大纲》则是李达经济学思想生成的哲学基础。《社会学大纲》有 1935 年与 1937 年两个版本,都由五篇或五部分组成,但在内容上有较多改动和变化。二者相比较,后者较前者有认识上的提升。李达在著作中首次将辩证唯物论与历史唯物论作为一个整体来看待,使得马克思主义哲学成为"一块整钢"。此外,该书还吸收了中国传统哲学重视主体实践、主张知行合一等思想,形成了李达实践唯物主义哲学。该著作体系完整、严谨、深刻,即使在今天也不失为一部高水平著作。毛泽东看了多遍并向他人推荐,《社会学大纲》仅 44 万字书稿,毛泽东亲手批划 33 万字,另有眉批 3 千多字,足见它对毛泽东的影响。《社会学大纲》也明显超出了当时国内其他学者和苏联、日本学者的同类著作。"李先生在中国思想史第三阶段之贡献,……在近五十年思想史之功绩不可忘记。"④ 指的就是《社会学大纲》的学术成就和李达的学术贡献。该著也是李达当时研究政治经济学的理论基础,它代表了李达理解唯物史观所能达到的理论水平。

高度重视唯物辩证法,是李达哲学研究的理论自觉和方法自觉。20 世纪 30年代哲学研究路径的转换促进了唯物史观和唯物辩证法双向发展,将辩证法植入唯物史观更加符合真理,人们可用辩证法的运动观、联系观、发展观、矛盾观等观点去研究、分析社会问题,从而推动李达哲学和经济学思想日趋走向成熟。

2. 李达运用唯物辩证法和唯物史观研究人类社会经济构造

《经济学大纲》是 20 世纪 30 年代李达哲学研究转向时期运用唯物辩证法和唯物史观原理对人类社会经济构造进行深入研究的成果。

① 李达:《经济学大纲》,载《李达全集》第 9 卷,人民出版社 2016 年版,第 205 页。

② 李达:《辩证法唯物论教程》,载《李达全集》第 10 卷,人民出版社 2016 年版,第 3 页。

③ 魏文伯(1905—1987 年),无产阶级革命家,他珍藏的《辩证法唯物论教程》扉页注明:20 世纪 30 年代在国民党监狱得到此书,后来抗日战场上一直带在身边,再后来"大日寇扫荡中被剔抉以去",又在反击时夺回。

④ 郭湛波:《近五十年中国思想史》,山东人民出版社 1997 年版,第 179 页。

《经济学大纲》"绪论"部分，李达重点探讨了经济学研究对象和研究范围问题。一是经济学研究对象。李达运用联系观点将经济学置于社会科学之中，认为"经济学是社会科学的一种"[①]。人类社会关系非常复杂，依据不同标准可作各种划分，经济学研究多种社会关系中的生产关系整体即社会经济构造，而社会经济构造又是生产力与生产关系的统一。所以，李达主张，经济学研究对象既要研究生产关系又要研究生产力。二是经济学研究范围。李达从普遍与特殊关系出发，认为历史上有五种质不相同的生产方法，为适应这些生产方法便出现了五种生产关系体系，即五种经济构造形态。李达认为，人类历史上的各种经济构造形态都有一些共通性的标识和规定，但也有其特殊性。

基于以上认识，李达认为科学的经济学应有广义与狭义之分。李达持广义经济学立场，认为经济学有必要研究历史上各种社会的经济形态和中国经济形态。但根据唯物辩证法的矛盾原理，李达认为广义经济学最重要的部分是当时世界上的两种经济体系，即资本主义经济和社会主义经济。由于时局的急剧变化，李达无法再继续从事教学和科研，导致《经济学大纲》写作被迫中断，该著最终只是介绍了先资本主义和资本主义经济形态，而没有开展对社会主义经济和中国经济的论述，这是本书留下的学术缺憾，也给读者留下阅读遗憾。如同《资本论》包含着马克思主义政治经济学全部内容一样，《经济学大纲》虽然只是重点介绍，但它已涵盖了马克思主义政治经济学的内容，还吸收了帝国主义和经济危机理论，研究了先资本主义经济学。他不局限于资本主义，也考察了先资本主义，还要研究社会主义和中国的经济。李达对政治经济学的研究既体现了唯物史观，又体现了唯物辩证法，他的哲学研究为经济学研究提供了理论基础，经济学研究又丰富了哲学内容。

二、李达对政治经济学的研究

1935年作为北平大学法商学院讲义印行的《经济学大纲》，是李达在北平任"红色教授"期间最重要的学术成果之一。它重点论述了先资本主义和资本主义经济形态，后者的主要内容涵盖了马克思主义政治经济学，但李达在整部著作中立足于马克思主义哲学又做了很多发挥。

第一，李达经济学的研究对象和研究范围。李达从马克思主义唯物史观和辩证法联系的特征出发，认为经济现象是社会现象的一类，经济科学是社会科学的一种，经济学的研究对象应该是社会科学中的经济现象，其内容是指社会

[①] 李达：《经济学大纲》，载《李达全集》第15卷，人民出版社2016年版，第3页。

经济构造，即生产力与生产关系的统一。李达从马克思主义唯物史观和辩证法发展的特征、矛盾原理出发，认为经济学研究范围应该置于整个人类历史过程中去观察，既要研究人类社会的一切经济形态，如原始社会、古代社会、封建社会等先资本主义社会经济形态，又要重点研究当下的资本主义和社会主义经济以及中国经济。

第二，李达的先资本主义社会经济形态。如上所述，李达之所以要论及先资本主义，是基于他的马克思主义哲学视域尤其是唯物史观视域，它们在内容上包括原始社会、古代社会（李达这里指的是奴隶社会）和封建社会。其中，原始社会经济形态部分介绍了前氏族社会、氏族社会和原始社会的经济发展及崩溃过程；奴隶社会经济形态部分重点介绍了奴隶制经济发生、发展和崩溃过程；封建社会经济形态部分主要介绍了封建经济形成及其一般特征、都市经济发展和封建经济崩溃过程。

第三，李达的资本主义经济形态。该部分是《经济学大纲》全书的重点，它几乎涵盖了马克思《资本论》论及的资本主义政治经济学全部内容，同时李达又吸收了列宁的帝国主义理论、斯大林的经济危机理论，如商品理论、货币理论、资本理论、剩余价值理论、资本循环回转理论、利润理论、信用理论、地租理论、恐慌理论等，全书结尾部分分析了资本主义总危机与特种萧条情况。

总体来说，此一阶段李达研究经济学是伴随着哲学研究转向和学术研究重心转移而进行的。李达由偏重唯物史观转入唯物辩证法，是其哲学研究的深化，也使其世界观和方法论达到统一，即实现了唯物辩证法和唯物史观的统一。李达立足于马克思主义哲学，坚持广义经济学立场，力图从整体上揭示人类社会各种经济构造形态，同时又重点关注当下社会和中国经济，形成了鲜明的政治经济学研究特点。也就是说，李达的哲学研究充分地体现了对其经济学研究的指导，唯物史观成为李达研究人类社会各种经济构造形态的理论基础；唯物辩证法矛盾原理所提供的方法论原则，又是李达要重点研究当下社会和中国经济的理论基础。

第三节　唯物史观与对货币经济学理论的开拓

李达坚持以唯物史观作为理论基础，对货币学理论做出的开拓性贡献，集中体现在《货币学概论》一书中。该书也是 20 世纪 30 年代李达研究唯物史观和唯物辩证法、探索马克思主义货币学理论的重要成果。学界认为，《货币学概论》是李达 20 世纪 30 年代在北平期间最重要的"四大名作"之一，他也因此被认为是中国早期影响最大的马克思主义货币学理论的开拓性代表。《货币学概论》是李达经济学思想成熟的又一重要标志。

一、唯物史观与《货币学概论》

《货币学概论》产生的时期，是 20 世纪 30 年代李达哲学研究由唯物史观转向唯物辩证法、学术重心从哲学转到经济学时期。《货币学概论》最初作为教材付印，但因抗战爆发当时未能出版，直到新中国成立前他重返北平后，才经再次修订，于 1949 年 7 月被生活·读书·新知三联书店列为"新中国大学丛书"首次公开出版。该书立足于唯物史观，根据马克思主义货币学原理，从社会现象分析到货币现象。

1. 李达从社会现象到货币现象的研究

李达研究货币现象，具体经历了从一般社会现象到经济现象，又从经济现象到货币现象的路径。他的货币学理论既坚持马克思主义货币学基本原理，又结合当时中国实际和时代发展进程，对货币学理论做了开拓性贡献。

李达由一般社会现象而经济现象，遵循的是唯物史观逻辑。他关注社会现象，基于他从自然科学转入唯物史观学习，也源于他"干社会革命"的目的，特别是 20 世纪 20 年代的三次大论争、20 世纪 30 年代关于中国社会性质的论战，引起了李达对社会现象的广泛注意。20 世纪 20—30 年代他在长沙、武昌、上海和北平任教期间，主要从事社会学（当时就指唯物史观）、经济学、经济史等教学。在长沙，李达在湖南自修大学讲授新社会学，在湖南公立法政学校讲授马克思主义的社会学；1925 年 5 月他在《民国日报》副刊发表《致友人论社会学系事》一文提到，加入社会学系是为学做"一个社会的医生"，办教育的目的是教人"做一个社会的医生"；1926 年 6 月出版的《现代社会学》就讨论了一系列社会问题，他还在"绪言"中阐述了社会科学的阶级性，以及社会学的研究目的、方法及唯物史观意义。在武昌，李达在中央军事政治学校讲授"社会科学概论"并编写《社会科学概论》，到中央农民运动讲习所讲授"社会科学概论"，在武昌中山大学（今武汉大学）任教讲授唯物史观。在上海，1927 年 7 月李达在《双十月刊》发表《三民主义之社会学的研究》一文，指出"对三民主义的科学研究，主要是依据社会学来阐释三民主义"[1]；1927 年 10 月又在《现代中国》第 2 卷第 4 号发表《现代中国社会之解剖》，开始从经济构造入手剖析社会；1929 年 1 月与钱铁如合译出版了《社会科学概论》（日本：

---

① 周可、汪信砚：《李达年谱》，人民出版社 2016 年版，第 57 页。

杉山荣著）；1929 年 4 月在上海新生命书局出版《社会之基础知识》，对社会问题、民族问题和世界发展等问题进行了阐述，同年 9 月在上海昆仑书店出版译著《现代世界观》；1929 年秋担任上海法政大学教授，讲授社会学和政治学；1930 年秋应聘到上海暨南大学任教授，讲授新社会学，同年 10 月又在上海心弦书店出版译著《理论与实践的社会科学根本问题》；1931 年秋担任上海暨南大学社会历史学系主任。在北平，1932 年 8 月李达被北平大学法商学院聘为教授兼系主任，讲授社会学、经济学、货币学、社会进化史、社会问题和英文政治学选读；1933 年 6 月受聘兼任私立中国学院（后改为中国大学）教授、朝阳大学经济系名誉教授，此间一度兼任中国大学经济系主任。上述显示，李达的学术研究路径经历了从社会现象到经济现象的轨迹。

李达由经济现象而货币现象，遵循的是经济学的内在逻辑。马克思的《资本论》被称为"工人阶级的圣经"，马克思主义政治经济学和货币学理论的内容即包含于此，而前者和后者之间也是包含关系。我们由此可以说马克思主义货币学理论是其政治经济学的组成部分，即马克思主义政治经济学理论中包含着其货币学理论。李达的政治经济学属于马克思主义政治经济学，李达的货币学属于马克思主义货币学，这种内在逻辑势必会导致他从经济学现象转移到货币学现象。《货币学概论》是中国最早阐述马克思主义货币理论的一部专著，当时仅是作为北平大学法商学院教材印发，直到 1949 年新中国成立之前，李达才得以对其进行最后修订并出版。该书的曲折经历，反映了战乱时期李达的悲惨遭遇，但难掩李达在书中对货币学理论的贡献。书中关于经济学与货币学的关系，李达也是根据马克思主义唯物史观（认为经济学是社会学的一部分）和政治经济学原理（认为货币学是经济学的一部分），将货币学作为经济学的一部分。因而，我们也可以说《货币学概论》有着厚实的唯物史观理论基础。

2. 李达经济学思想中的货币学理论

李达的货币学理论是他对货币经济学的独特贡献，它们都深深根植于马克思主义经济学基本原理之中。

在李达的经济学著作中，最能体现经济学与货币学理论关系的当属《货币学概论》一书。该书考察了货币历史形态，揭示了货币诸形态和本质，批判了货币拜物教及商品拜物教，揭示了资产阶级的货币学理论，对信用及信用货币等进行了分析和介绍，这些理论都是李达政治经济学的一部分。

在李达的译著中，最能体现经济学与货币学理论关系的是《经济学入门》《政治经济学教程》两部著作。1930 年 4 月，李达翻译的《经济学入门》上篇"实际之部"专设有"货币及信用"章节，介绍货币诸形态、金属货币、纸币、商品信用、货币信用、商业及不动产抵押银行、银行券发行银行、信用货币、国际供货和国家信用；下篇"理论之部"也有"货币"一章，介绍成为价值尺度和价值表现的货币、货币商品、价格、流通手段货币、支付手段货币、铸币、为流通所必要的货币量、纸币、不完全价值货币、信用货币。这些章节覆盖货币学基本理论，且是介绍马克思主义政治经济学的普及性知识，对一般读者也能产生广泛影响。1930 年 10 月，李达所译的《政治经济学教程》首篇"价值论"也有"货币的机能"章节，介绍为价值尺度的货币、为价格本位的货币、为流通手段的货币、为价值符号的货币、为贮藏的倾向及为支付的货币、货币的期货诸机能。这些译著不仅包含马克思货币理论，而且还有拓展及细化，体现了对李达从经济学研究扩展到货币学研究的影响。此外，《政治经济学教程》对中国革命者影响也很大。该书传到延安，毛泽东高度重视并极力推荐，甚至新中国成立后的大规模经济建设时期，他还提倡领导干部要学一点政治经济学。当然，该书对毛泽东经济思想的形成也有一定影响。

二、李达对货币经济学理论的开拓

《货币学概论》也是李达根据唯物史观和辩证唯物论原理，在马克思主义货币学理论之上进行创造性研究的代表性著作。这些货币学上的开拓性贡献，也大大地丰富了李达的经济学思想内涵。

一是对货币本质和机能的研究。在货币本质上，李达从现象与本质关系入手，对相关货币现象进行描述，而后从货币现象推移到货币本质，指出货币学要探求货币运行法则，货币是商品与商品交换的媒介，货币的本质要到商品中去寻找，而商品二重性与劳动二重性相联系，涉及价值量、社会必要劳动时间等概念。接着介绍了价值形态与货币的发生和发展，通过考察货币形成史，李达认为货币的本质是一般等价物，由此强调要对商品拜物教和货币拜物教进行揭露和批判。关于货币机能，李达通过介绍货币的五大机能[①]，揭示货币与商品生产的关系；通过介绍货币资本化，揭示剩余价值源泉。此外，李达还立足唯物史观，根据人类社会形态划分和马克思主义的阶级观，揭示了古代社会、封建社会和现代社会等诸社会形态下的货币阶级性。

二是对资产阶级货币学说的批判。李达根据唯物史观基本原理，分别对当时影响甚广、危害甚大的资产阶级三大货币学说逐一进行了批判，并对这些理论的根源、由来、内容等方面进行了揭批，从正面阐发了马克思主义货币学说，从而维护了其真理性和权威性。

---

① 货币的五大机能是指价值尺度、流通手段、储藏手段、支付手段和世界货币等五种职能。

三是对信用、信用货币及资本主义货币体制的研究。在信用、信用货币上，李达对商业信用、资本信用、银行信用等进行分析评价，并对三大信用业务过程进行深入探究，对相关商业票据、银行券进行重点介绍。在资本主义货币体制上，李达首先介绍金本位与金银复本位以及金镑（英国）、金元（美国）、金法郎（法国）、金日元（日本）等主要资本主义国家的本位制，对银行券发行与流通、银行券流通法则与人工编制、银行券纸币化等银行券流通法则以及资产阶级银行券编制原理进行分析，并对各国银行券发行制度进行分别介绍。由于这些内容具有很强的国别性，与马克思在《资本论》"货币"章节的内容相比，非常丰富、非常具体，是李达当时所能掌握的货币银行学资料的理论梳理。

四是对金融恐慌与货币流通的研究。李达从货币流通与金融恐慌关系入手，重点对产业恐慌和金融恐慌进行分析。在产业恐慌及其原因上，李达认为恐慌是资本主义再生产特征的形象，恐慌的根本原因在于资本主义社会基本矛盾。至于资本主义再生产的循环性与恐慌，李达认为资本主义发展呈现一种活跃、繁荣、恐慌和萧条等生产状态的循环性，恐慌循环性基于资本主义再生产循环性而生。李达探讨了恐慌的循环过程，指出恐慌循环性不是单纯的圆运动而是螺旋式运动；分析了恐慌循环性的物质基础，认为它在于固定资本周期的更新。在金融恐慌上，李达认为，金融恐慌与产业恐慌的关系是前者是后者的必然现象。金融恐慌包括一般的金融恐慌与特殊的金融恐慌、信用恐慌与银行恐慌、货币恐慌与货币本位恐慌、交易所恐慌等多样类型。至于国际金融恐慌，他分析了其形成过程、恐慌与金子流出的意义。

五是对世界货币运动与汇价的研究。李达认为，世界货币运动与汇价形成和变动密切相关。在汇价形成上，认为汇兑发生的原因在于金银国际行动、国际商品流通与资本流通、国际借贷清算与金银，又分析了汇价形成中涉及的汇票与汇兑机关、外汇的法定平价与相对平价、现款输送点输出点与输入点、汇价的本质与种类。在汇价变动上，认为汇价是金银国际运动的晴雨表，首先分析了汇价变动与支付差额的关系，涉及汇价变动与贸易差额、汇价变动与资本输出入的差额，又分析了汇价变动与通货贬价及金银比价的变动、禁止现金出口与汇价的变动，最后分析了汇兑政策种类及金子的基础。

六是对通货膨胀的研究。李达重点分析和介绍了纸币、汇兑和信用三类通货膨胀和通货膨胀影响、通货紧缩推移，指出通货膨胀是国家破坏货币运行法则所致。在通货膨胀上，李达分析了纸币通货膨胀、汇兑通货膨胀和信用通货膨胀三种形式，其中重点分析了纸币通货膨胀。李达指出纸币有其运动法则，一旦纸币发行量超过其限度势必破坏它的运行法则，就会造成通货膨胀，表现为纸币减价与物价腾贵、现金的纸币价格等于纸币对于现金的贴水、纸币通货膨胀本身的发展过程和法则。李达描述了关于通货膨胀的影响及其到通货紧缩的推移过程，分析了通货膨胀的社会影响，以及通货膨胀对资产阶级、小生产者及薪给生活者、劳苦大众的影响，分析了通货膨胀界限和通货紧缩等。

《货币学概论》是在 1929 年帝国主义经济危机爆发引发的货币信用危机，20 世纪 30 年代冲击中国造成银根奇紧，国民政府束手无策背景下写成的，是对马克思主义货币学理论研究的开拓性贡献，也被认为是中国最早系统阐述马克思主义货币学理论的一部著作。

第四节　唯物史观与对中国现代经济史的考察

20 世纪 30 年代前后，李达哲学研究由唯物史观转向唯物辩证法、学术研究重心由哲学移到经济学的同时，在史学研究上也取得显著成绩。1929 年出版的《社会之基础知识》、1935 年作为北平大学法商学院教材印行的《社会进化史》，以及 1937 年发表的两篇中国现代经济史论文，是他这一时期在社会史和经济史研究方面取得的代表性成果。这些成就标志着李达对唯物史观和经济学研究的深化。

一、唯物史观与《中国现代经济史》

李达对中国现代经济史的考察有着深厚的唯物史观基础，他是根据唯物史观基本原理对中国现代经济史进行考察的。根据著作实际产生的逻辑，或李达经济史思想的形成逻辑，《社会之基础知识》《社会进化史》《社会发展史》等著作的完成，大致可以视为是李达研究中国现代经济史最直接的理论前提。

1. 李达社会史理论深化了对唯物史观的认识

《社会之基础知识》共分为五篇十八章，它采用纵横剖析办法，对社会问题、民族问题、世界将来发展方向作了考察。其中，第一篇"社会进化之原理"是对社会的纵向研究。它按社会系统观点，指出社会是包括人类间一切经常相互关系的系统，社会关系性质是以经济相互关系为基础的；社会之发达，从社会与自然关系角度强调人的生活都以物质资料为前提，指出社会发达原动力是劳动，过程是向自然取得物质资料；社会之构造，肯定了社会现象之类的通性，社会三要素包括人、物和观念，社会构造包括基础和上层建筑；社会变化原因应从生产力状态和经济构造间所存在的矛盾去说明。第二篇"社会进化之解剖"是对社会的横向研究。李达认为要理解上层建筑"唯有从现代市民社会的经济结构中去探求"①，它以现代市民社会作为解剖社会出发点，对商品与货币、资本生产过程、资本主义矛盾进行分析，对资本主义进化过程、矛盾和表现、金融资本与帝国主义、大战后的资本主义世界进行介绍。第三篇"社会问题"，分析社会问题的发生、内容、种类及性质，指出社会运动以谋求解决社会问题和无产阶级解放为目的，社会政策是解决社会问题的方法。第四篇"民族问题"，介绍了民族特性、民族运动、民族国家和民族问题。第五篇"世界的将来"，包括帝国主义命运的诊断、帝国主义战线的观察、反帝国主义战线的检阅和中国出路的分析，指出中国革命具有民族和民主革命的双重性质。这些分析和阐述，实际上是李达运用社会进化理论和解剖现代社会的方法，考察中国革命出路。这样，通过阐述社会进化原理，也进一步丰富和深化了李达对唯物史观的认识。

作为北平大学法商学院教材印行的《社会进化史》，虽因抗战爆发未能出版，但它仍被学界视为李达在20世纪30年代北平任教时期的四大名作之一，可见其影响力。该著共分为七编二十五章，根据社会经济形态形成和演化过程，分析了先资本主义和资本主义社会经济形态、社会组织及其发展演变。其中，第一编"原始社会与氏族社会"，重点研究原始社会经济形态、社会组织，认为原始经济是采集经济，生产技术尚处于旧石器时代，表现为消费性质及剩余物之缺乏、狩猎的集团性质决定了实行共同分配；研究氏族社会经济形态和财产不平等、阶级与国家产生，认为氏族经济是生产经济，生产技术从石器向金属工具推移，农牧业开始发达，出现了社会分工，氏族成为社会经济组织，私有财产和阶级差别开始出现，国家形成，出现了前阶级社会意识形态。第二编"古代亚细亚社会"和第三编"古代社会"，分别介绍了古代东方诸国和地中海沿岸诸国情况，指出亚细亚各国历史带有独特性质，如各国支配阶级是土地所有者＝农奴所有者，生产方法是封建的＝农奴制的构成之变种，亚细亚自然经济的基础是伴有副业的家庭生产的小农业，在自然经济形态诸条件下商业资本已经存在；地中海沿岸社会重点介绍古希腊、罗马诸国，认为希腊经济是自然的农业的，基础是小农农业，罗马经济的强大得益于近两世的相对和平，尔后走向恐慌和崩溃，由崩溃而渐趋于灭亡，经济生活变化引起国家制度变化，罗马最后分裂为两个国家。该编还设有专门章节介绍古代东方及古代社会之意识形态，认为其带有神政性质，分析宗教（如基督教起源）、哲学、政治学、科学、文学和工艺等发展概况。第四编"封建社会"，重点介绍了西欧封建社会（如欧洲种族国家形成），指出土地所有制是封建领主和地主支配的基础，介绍了封

---

① 李达：《社会之基础知识》，载《李达全集》第5卷，人民出版社2016年版，第315页。

建社会经济构成、封建行会生产方法，并对法兰西、意大利、德意志和英吉利等国家的封建制度及近东（拜占庭与阿拉伯）和俄罗斯的封建主义、封建时代西欧农民运动与西欧都市、意识形态进行了介绍。第五编"封建制度的崩溃与资本主义之发生"，具体介绍西欧诸国 16—17 世纪工农业的发达、大洋贸易及殖民地掠夺、德意志及尼德兰的阶级斗争、法兰西的绝对王政、科学的发展、英吉利革命、俄罗斯帝国形成与演变。第六编"18 世纪的欧美与 19 世纪前半期的欧洲劳动运动"，介绍了欧美革命、欧洲劳动运动。第七编"19 世纪中叶的欧美与第一及第二国际"，分别介绍 19 世纪 50—70 年代西欧与美利坚合众国和第一、二国际时代。以上逻辑进路，与新中国成立前李达在湖大任教时编写的教材、1950 年才得以出版的《社会发展史》（内封面书名为"唯物史观社会发展史"①）如出一辙，即《社会进化史》的逻辑进路是《社会发展史》的基础，两部著作内容虽因年代不同而有较大差异，但据唯物史观研究人类社会经济构造的思路是一致的。

《社会进化史》的内容非常丰富，资料非常翔实，是李达运用辩证唯物论和唯物史观对人类社会进化历程进行的全景式剖析。这些阐述，不仅使研究者本人，而且也使广大读者，能够通过具象的事实对相对抽象的哲学原理进行更加生动且深刻的理解。《社会进化史》内在还贯穿着一条主线，即围绕唯物史观关于社会经济构造的理论，对各种社会经济构造的演化和发展进行深度剖析和详细介绍，尤其是对近代社会，李达更是利用各方面搜集来的最新材料，不遗余力地为人们展示一幅真实生动的历史画卷。他的这些努力既是史学界的幸事，也是哲学界的幸事。就史学来讲，它为人们奉献出一部专门研究人类社会进化史的史学名著；就哲学来说，它为人们深入探索唯物史观、深刻理解唯物史观提供了鲜活的材料。李达正是在此基础上展开对中国现代经济史研究的。

2. 李达对中国现代经济史的研究

李达关于中国现代经济史的两篇长文，分别发表于 1935 年北平大学法商学院院刊《法学专刊》第 3、4 期合刊和第 5 期，都是未完成的《中国现代经济史》的一部分。李达自述前者"是未完成的拙著《中国现代经济史》的第一章，因为《法商学院专刊》缺少稿件，特抽出这一章来，藉充篇幅"②。李达在后者文尾专门标识"待续"。可见，李达在北平大学法商学院任教期间确在计划出版一部中国现代经济史专著，并已写成包括这两篇长文在内的部分内容。但是，除了《中国现代经济史之序幕》"附注"中提到这部著作外，其他地方

---

① 李达：《社会发展史》，载《李达全集》第 16 卷，人民出版社 2016 年版，第 47 页。
② 李达：《中国现代经济史之序幕》，载《李达全集》第 10 卷，人民出版社 2016 年版，第 327 页。

没有再现，具体文献也没找到，《中国现代经济史》成为李达学术史上的未知之谜。

　　从李达的"附注"说明和文尾"待续"来分析，李达应该是有一部待完成的中国现代经济史著作没有面世。这也难怪！这两篇论文分别发表于1937年5月和9月，而1937年7月7日即爆发了"卢沟桥事变"，三星期后北平沦陷，李达也因1937年6月回乡看望病父而逃过一劫。从北平陷落到新中国成立前，他又一直在国统区或沦陷区辗转过活，能够生存下来已属不易，所以这部专著成为历史悬案不言自明。庆幸的是，这两篇长文已经部分地表达出李达关于中国现代经济史的思想，如果我们再结合他在其他著述中的相关论述及《中国现代经济史概观》的内在逻辑，甚至还可以推出李达"待续"部分将要介绍的中国现代经济史第三期情况。因而，两篇长论文作为被拆分而公开发表的《中国现代经济史》组成部分，它们是李达20世纪30年代在深入研究唯物史观、探索中国社会史基础上，考察中国现代经济史的标志性成果，是李达经济学思想成熟与发展的重要标识。

　　李达关于中国现代经济史的两篇长文，立足于中国社会进化史理论，对中国现代经济发展过程进行了考察。《中国现代经济史之序幕》分析与介绍了帝国主义入侵前后中国社会经济性质及变动。具体地说，帝国主义入侵前后中国经济性质，揭示了封建经济特征、现代期以前中国经济过程、商业资本在中国封建经济中的作用、从清初到鸦片战争期间中国经济概况及商业状况；帝国主义入侵后中国经济的变动，则介绍了帝国主义入侵的由来、鸦片战争前因与后果。《中国现代经济史概观》原计划介绍中国现代经济史第一期至第三期，但实际上只介绍了前两期，而且在这前两期中，每一期又包括了三个具体过程。这些具体过程以中国社会进化史为基础，严格依据唯物史观基本原理，充分体现历史辩证法原则，对中国现代经济发展过程进行了客观分析和细致描述，是李达运用唯物史观对中国现代经济史进行的精细论析。

二、李达对中国现代经济史的考察

　　如上所述，李达关于中国现代经济史的两篇长论文，是拟完成的《中国现代经济史》重要组成部分。透过它们可以把握李达关于中国现代经济史的很多观点，现分述如下：

　　《中国现代经济史之序幕》一文，主要介绍了帝国主义侵入前后中国经济性质和中国经济变动情况。

　　第一，帝国主义侵入前中国经济的性质。论文从五个方面进行了介绍：一是封建经济特征。李达认为封建社会经济的性质应该从封建生产方法与生产关系中去探求，而封建生产方法建立在自然经济之上，直接农业生产者经营自然农业和家内工业，与市场相隔离，是自给自足的自然经济；封建生产关系主要是土地所有者与直接农业生产者之间的关系，即土地所有者以劳役地租、实物地租和货币地租形式直接隶使农业生产者，在剥削形态中表现出封建剥削关系、阶级关系。二是中国经济发展过程。在李达看来，现代期以前具体的中国经济发展，在封建生产关系表现上是由劳役地租转变为实物地租形态。三是商业资本的作用。李达认为中国商业资本虽曾有过发达，但不曾有过独立，说不上支配作用。四是从清初到鸦片战争期间的中国经济概况。李达认为从清初到鸦片战争期间的中国经济，在生产方法和生产关系上依旧是封建的，但它确实又比原来发展非常迟缓的封建经济快得多，这在农村经济、都市的手工业与商业方面表现非常明显，已是单纯的商品经济了。五是这一时期的商业状况。李达认为，当时农业生产已由自然经济领域进到了单纯的商品经济领域，商业很发达、商品很丰富、都市很繁盛，但仍依存于封建生产方法；随着国际贸易的进展和外国资本势力的逼攻，中国商业资本与高利贷资本也形成了资本原始蓄积的两个形态，形成了产业资本诸前提的杠杆。总之，中国经济仍属于封建经济范畴，但已进入封建时代末期而走进了资本主义殖民主义时代。

第二，帝国主义侵入后中国经济的变动。论文从两方面进行分析：一是分析帝国主义侵入的由来。他认为，要说明帝国主义经济的由来，应当简单叙述现代期以前的世界经济概况。欧洲自 16 世纪以来，早已走进资本主义时代。近代欧洲商业的发展，始于十字军东征，当时所带来的东方商品对欧洲人的刺激，新大陆的发现等使欧洲商业发展一日千里，封建制度解体为资本主义发展提供了成千上万的自由劳动者，产业革命首先由英国完成，欧洲各国在近世商业发达过程中尝到海外殖民的甜味，所以都一致努力向海外搜寻领土。"欧洲各国之对于中国，最初就是抱着使中国殖民地化的野心"①。19 世纪三四十年代，英国产业革命已次第完成，更推动了它向海外发展。在世界殖民地已将分割完毕的当时，必然要向中国抛出商品、采集原料，加之英国资本主义的三次大恐慌，英国资产阶级为谋出路，不能不向中国进攻，以实现其多年梦想殖民中国的野心。二是分析鸦片战争的前因与后果。李达认为英帝国主义是为了要取得抛出商品、采集原料和以后投出资本的殖民地而发动征服中国的战争，清政府是为反抗输入毒药而防止利权外溢进行的战争，而战争导火索就是鸦片。鸦片战争失败，中国签订《南京条约》之后，其他各国步英国后尘，陆续侵入，渐使中

---

① 李达：《中国现代经济史之序幕》，载《李达全集》第 10 卷，人民出版社 2016 年版，第 322 页。

国变成半殖民地。

《中国现代经济史概观》一文，主要介绍了中国现代经济史第一期和第二期（第三期由于抗战爆发，无下文），在这两期中又各包括三个具体过程。

第一，中国现代经济史第一期（1842—1880 年）。论文将其细分为三个过程：一是国际帝国主义在中国奠定侵略根基过程。李达认为，本期主要是帝国主义列强通过一系列的不平等条约，在中国境内奠定了经济的政治的文化的侵略根基，使中国领土、主权丧失的过程。二是封建势力反抗资本主义过程。李达认为，当时的封建势力还不曾完全向资本主义投降，有时还会企图反抗。因为中国封建经济特点、君主专政制度和孔子学说仍是封建顽固势力的社会历史根源，加之经济根源的闭关主义和排外主义，"扶清灭洋"心理使清廷大员举办了以军用工业为主的洋务运动。三是民族资本工业发生过程。李达认为，举办军工刺激了中国民族资本工业发生，促成了中国资本主义的前提条件，即商品市场扩大、商品生产发展方向、商业资本畸形发展、买办资本、商人资本、票号及钱庄资本、商业资本变质及前途、商业资本参与生产过程、自由劳动者等。总之，这时的中国可以称之为"民族资本工业的发生期"[①]。

第二，中国现代经济史第二期（1881—1914）。论文也将其细分为三个过程：一是国际帝国主义对华输入资本过程。李达认为，帝国主义侵略中国就是加紧政治控制并大量输出资本。帝国主义控制中国政治，包括掠夺领土及属国、榨取赔款、加开商埠、遍设租界、租借军港、取得工业投资权、划定势力范围、确定军队驻屯权等；帝国主义掠夺中国经济也有着多种多样的方式。二是封建势力投降于资本主义过程。李达认为，面对帝国主义侵略，清朝帝室与臣僚乃至在野士大夫们无不企图反制，但是新旧实力派的手段明显不同，旧派只知用旧式武力蛮干，新派虽主洋务但只专注军事，虽注意到并有意识举办过新式工业但终究失败。这样过程实是封建势力开始投降于资本主义而自动举办新式产业时代。三是民族商业资本转变为产业资本过程。李达认为，中国商业资本转变为产业资本此时已变成普遍现象，如出现大量官督商办或官商合办的新式企业，甲午战争失败后中国人谈"兵战不如商战"的舆论甚嚣尘上，八国联军侵华战争的败北使中国人痛感革命非常必要，民族资产阶级奋起直追，开展了挽回铁路等权利的运动；辛亥革命之后中国出现了"开发实业以救中国"的理念，开始了民族资产阶级奋起以举办新工业的时代。但我国民族资本主义先天不足，即在帝国主义控制下民族资本难以决定自己命运。

李达关于中国现代经济史的两篇长论文，遵循唯物史观基本规律和史学研

---

① 李达：《中国现代经济史概观》，载《李达全集》第 10 卷，人民出版社 2016 年版，第 342 页。

究逻辑，并以他的史学研究成果为基础，从纵向上对中国现代经济史进行了全景式考察，使读者能够对中国现代经济发展现状一目了然，也使研究者能够从历史过程中去把握中国现代经济发展进程。李达研究中国进化史，是其唯物史观研究的深化；李达研究中国现代经济史，是其经济学研究的深化。因此，史学研究的方法，理应成为学术研究的普遍方法。

第三章　李达经济学思想的基本内容

李达是中国新民主主义革命、社会主义革命和社会主义建设时期成长起来的著名经济学家。在多年的教学研究中，他形成了较为系统的经济学思想，其内容涉及经济学研究对象与研究范围、产业革命与产业经济学思想、社会经济构造与政治经济学思想、货币学理论与货币经济学思想、近代经济运动与中国近代经济史思想、社会发展阶段理论与共产主义经济学思想等多个方面。

第一节　李达经济学研究对象与研究范围

任何一门学科都有特定的研究对象和研究范围，一位学术名家肯定也有自己独特的思想体系和独具特色的学术风格和研究方法。李达被公认为是中国早期著名的马克思主义经济学家，其经济学有自己的研究对象和范围。

一、李达的经济学研究对象：社会经济构造

确定研究对象是研究工作的前提，李达对此高度重视，其经济学研究有明确表述。"着手研究经济学，先要把经济学的对象作一个大概的规定。"① 李达对经济学研究的对象在《经济学大纲》中有专门规定，在《经济科学研究的程序》《论广义经济学》等文中也讲得非常明白。

1. 经济学是研究社会经济构造的理论

李达坚持从唯物史观出发，对经济学研究对象有自己独特的思考。他主张确定经济学研究对象，应该遵循从哲学到社会科学，再从社会科学到经济科学的路径。

关于从哲学到社会科学的研究。李达在回答一个青年人写信咨询他怎样研

---

① 李达：《经济学大纲》，载《李达全集》第 13 卷，人民出版社 2016 年版，第 3 页。

究经济科学和社会科学时曾提出"经济科学研究的程序"一题。他认为研究经济科学或社会科学先要有哲学素养，理由是"哲学是世界观、宇宙观，是研究世界发展的一般法则的科学"①，而各门具体科学结论的普遍化概括就是世界发展的一般法则。李达还认为，得到世界发展的一般法则，就是得到一般科学的方法，依照这些方法就可以研究各种自然现象与社会现象。因为自然科学或社会科学都需要有科学的世界观与方法，这样才能正确认识自然现象与社会现象。因此，他主张有了科学世界观和方法论之后，就必须把这种世界观与方法论应用于历史、社会领域，建立科学的历史观和社会观。这些是李达遵循的从哲学到社会科学的研究路径。

关于从社会科学到经济科学的研究。李达提出，"科学的历史观＝社会观"，是把"处于特定的经济构造以及在它上面建立的特定政治建筑与特定意识形态的系统之下的社会"②作为研究对象。经济学是社会科学的一种，而社会科学以各种社会关系为研究对象，但人类社会关系又非常复杂，经济学究竟研究哪一种关系呢？李达认为，要回答这样的问题"还得要根据科学的社会学的结论"③。李达遵循从社会科学到经济学的研究路径，他认为经济学对象是社会经济构造。

然而，社会经济构造又是什么？李达依其科学的社会学理论，将社会分为基础与上层建筑两个部分。社会基础即社会经济构造，是生产关系总体，这个总体又是生产力与生产关系的统一，社会基础决定上层建筑；上层建筑立于经济基础之上，又反作用于经济基础，可以分为法律的政治的上层建筑与意识形态上层建筑。李达经济学既要研究生产关系，又要研究生产力。李达认为，生产关系是在生产过程中发生的生产诸关系，在现实中包括生产、分配、交换和消费四个过程中形成的相应关系；生产力是人类制造物质生活资料的能力，包括劳动力、劳动对象和劳动手段三个要素。所以，生产关系总体作为李达经济学的研究对象，表明李达经济学要研究生产关系的四个过程和生产力的三个要素。

2. 经济学是研究特定社会经济构造法则的科学

李达以特定社会的经济构造为经济学研究对象。他在论及"广义经济学对象"时指出，"简单地说，经济学是……即适应于生产力的特定发展阶段的生

---

① 李达：《经济科学的研究程序》，载《李达全集》第15卷，人民出版社2016年版，第14页。
② 李达：《经济科学的研究程序》，载《李达全集》第15卷，人民出版社2016年版，第15页。
③ 李达：《经济学大纲》，载《李达全集》第13卷，人民出版社2016年版，第4页。

产关系的发展法则的科学"①。这种方法，就是强调把特定历史发展阶段上的社会构成作为研究对象，阐明历史上各阶段的特殊发展法则。因为社会的经济构造在历史上经过了原始的、古代的、封建的、现代的与过渡期的各种不同的阶段。所以李达强调，应该站在广义经济学的立场，"去研究各个发展阶段的经济构造，阐明各种经济构造的特殊法则，以获得经济发展的一般法则"②。特别强调经济学研究特定社会的经济构造，强调生产力与生产关系矛盾作为一般法则，在各个特定经济形态中会显现出特殊的样貌，是与他的真理观紧密相连的。李达坚信，真理是具体的，抽象的真理是不存在的。因而各种社会经济构造存在着共通的发展原则，各种具体社会经济构造也有其特殊的发展法则。

历史上各种经济构造既然都依从于特殊法则，那么经济学的任务就是要暴露这些经济构造及其变化的特殊法则。在人类历史上，人们可能看到五种质不相同的生产方法，适应于这五种方法，就会出现五种不同的生产关系体系，也就是五种不同的经济构造形态。这些社会经济形态既有一些共通的发展法则，也有一些特殊的发展法则。李达强调，必须充分考虑各种经济形态的各种特殊发展法则。循着这种思路，李达拟定了系统考察包括中国经济在内的各种社会形态的经济构造的计划，他的这些计划在《经济学大纲》中得到部分体现。

李达考察社会经济构造的方式，实际也是一种系统化的思维方式，是唯物史观关于社会有机体的理论在经济学领域的运用。在李达那里，整个社会是一个有机的整体，社会的每个组成部分也是一个有机的整体。李达的社会经济结构当然是一个有机整体，而且这个有机体还是动态的、发展的。因此，人们研究经济学要从整体上去把握，要从动态上去把握。

二、李达的经济学研究范围：广义经济学

李达的经济学研究范围也有着鲜明的主张，即他坚持广义经济学立场。李达在《经济学大纲》中指出："我所讲授的这部经济学，是广义的经济学。"③1939年5月他还在《读书月报》上发表《论广义经济学》一文，专门论述广义经济学研究对象及其范围。这些著作和论文明确了李达经济学的研究范围。

1. 广义经济学主张研究历史上各种社会经济构造

李达经济学的研究对象是特定社会的经济构造。作为社会经济构造的生产关系与生产力是矛盾的统一，而且是不断变化发展的，历史上特定的生产关系

---

① 李达：《论广义经济学》，载《李达全集》第15卷，人民出版社2016年版，第76页。
② 李达：《经济科学的研究程序》，载《李达全集》第15卷，人民出版社2016年版，第16页。
③ 李达：《经济学大纲》，载《李达全集》第13卷，人民出版社2016年版，第12页。

与特定的生产方法相适应。人类历史上有五种质不相同的生产方法，就有五种不同的生产关系体系，历史上的各种经济构造形态以生产力与生产关系之特殊的一定的结合为特征，各有其特殊发展法则，因而他强调"历史上的各种经济形态的发展法则的特殊性，以及顺次由一种形态推移到次一形态的转变法则的特殊性"①，应该是科学的经济学要集中其注意力的焦点。

李达还认为，科学的经济学还可分为广义经济学与狭义经济学。其中，广义经济学研究历史上各种经济构造法则；狭义经济学只研究资本主义社会经济构造法则。李达主张的"广义经济学"要研究历史上各种顺序发展的经济构造，因而研究资本主义经济、社会主义经济、先资本主义经济和中国经济均显得必要。事实上，李达的《经济学大纲》就研究了先资本主义社会和资本主义社会经济构造。至于社会主义和中国经济构造，虽然没有来得及专门研究，但也明确了许多观点，广义经济学主张研究人类历史上各种经济构造的观点就非常清楚了。

2. 广义经济学强调重点研究资本主义和社会主义经济构造

李达主张广义经济学，但他还是强调要以当下社会经济构造为重点。他认为，"广义经济学中最重要的部分，是目前世界中两种经济体系——资本主义的与社会主义的——之研究"②。

李达认为，重点研究资本主义经济的理由有三：一是世界上占支配地位的还是资本主义社会，大多数人还在被资本主义发展法则支配着。要从资本主义社会的必然飞跃到未来社会的自由，就必须暴露资本主义的发展法则，然后才能顺着法则从事于这个飞跃的实践。二是"资本主义社会的生产诸力，在历史上是很进步的东西"③。由于现代社会生产力的进步性和社会关系的复杂性，资本主义发展法则具备了过去各种社会发展法则所没有的特殊性。只有理解资本主义发展法则的特殊性，才能理解过去各种社会发展法则。三是资本主义社会直接生产者阶级与非生产者阶级的对立，随着社会往前发展而日趋普遍和尖锐。负担批判资本主义社会历史使命的主体，必然要否定自己是被否定的阶级，还要扬弃资本主义社会一切非人的条件。因此，暴露资本主义经济发展法则就显得很是必要。

李达主张重点研究社会主义经济发展法则的理由也很充分，因为当时世界上与资本主义经济体系相对立的社会主义经济体系是在约占地球六分之一的地

---

① 李达：《经济学大纲》，载《李达全集》第 13 卷，人民出版社 2016 年版，第 13 页。
② 李达：《经济学大纲》，载《李达全集》第 13 卷，人民出版社 2016 年版，第 12 页。
③ 李达：《经济学大纲》，载《李达全集》第 13 卷，人民出版社 2016 年版，第 13 页。

面上建立起来的，两种经济体系的对立十分明了。资本主义社会经济总危机正在表现为政治总危机，阶级矛盾已经普遍化尖锐化，这就在理论与实践上都需要知道社会主义经济法则，为担负改造经济形态的人们提供行动指导。李达认为，生产力与生产关系矛盾是任何社会都存在的，在当时研究苏俄社会主义经济可为理解社会主义一般经济法则奠定基础，因而后进国家不能忽视。他早年编译的《劳农俄国研究》，就是在当时主张以俄为师、效仿俄国革命道路背景下产生的，有借鉴苏俄经验的意图。

3. 广义经济学还要研究先资本主义社会经济形态

李达之所以还要强调研究先资本主义经济形态，理由是先资本主义经济形态遗物"在现代的全部世界中，到处都存在着"[1]。当时世界上还有许多后进民族还在原始的、古代的、封建的经济形态中生活着，而且有些先资本主义经济形态在资本主义社会还作为一种经济制度存留着，而错杂地被编入资本主义生产关系之中，其至社会主义经济的初期时代也还有那遗物。所以人们需要理解世界上的各种经济形态。

为了更详细地说明原因，李达还进一步就经济形态和经济制度差异做比较。他指出，经济形态是社会经济构造，它由特定的生产方法所规定，历史上的经济形态顺次经历了五个不同发展阶段。历史上各种经济形态都是继承先行的经济形态积极结果发展起来的，因而后继的新经济形态在一定时限内仍会保留先行经济形态的遗物。如当时社会中封建的遗物连同奴隶制的、原始的遗物还在遗留着，所以各种经济制度能在各种经济形态中杂然并存。只不过那些旧时代经济制度受新时代生产方法所支配，而变成被支配的东西罢了。李达认为，资本主义经济在封建经济的母胎中孕成以后，就逐渐地克服封建的手工业及手工农业的经济，以至最后竟把封建社会改变为资本主义社会，而未经克服净尽的手工业及手工农业，虽然受着资本主义统治，却依旧还有生存的余地。除了苏俄以外，当时世界上的其他落后民族也在资本主义支配之下过着先资本主义时代的生活。这些民族出路如何？也都属于广义经济学的研究范围。可见，李达的广义经济学是站在世界民族解放角度来思考世界经济问题的。

4. 广义经济学特别重视研究中国经济

李达特别重视中国现代经济研究，"我的中心主张，就是认为凡属研究经济科学的中国人都应当集中注意于中国经济的研究"。李达强调，广义经济学必须研究中国经济，"只有这样的研究，……才能知道中国经济的来踪和去迹"，[2]

---

① 李达：《经济学大纲》，载《李达全集》第13卷，人民出版社2016年版，第14页。
② 李达：《经济科学的研究程序》，载《李达全集》第15卷，人民出版社2016年版，第18—21页。

这是李达广义经济学强调必须研究中国现代经济的基本理由。基于这些观点，李达对当时中国经济学研究现状很不满意。他对中国经济学只研究资本主义经济，或者并行研究资本主义经济和社会主义经济，而不研究中国经济提出了严肃批评，他认为"这是一个严重的错误，是极大的缺点"①。李达的批评也是其广义经济学强调研究中国经济的逻辑必然，更是李达立足于中国革命问题、关注中国命运的实际思考。

李达为什么要强调研究中国经济的缘由很简单。他指出，我们"是现代的中国人"，生活于"现代的中国"②。正因为李达关注中国经济，强调要研究中国现代经济，他才对中国经济有很好的把握。"目前的中国，是国际帝国主义的殖民地，是资本主义列强的附庸。"③ 李达进而对中国现代经济发展状况进行了概括，为人们了解中国经济进程提供了依据。

5. 广义经济学还要研究各种经济学说和经济历史与现状

广义经济学，除强调要顺次研究人类社会各种形态经济、特别强调研究中国现代经济以外，李达实际上还主张要研究各种经济学说或经济思想，研究世界与中国经济史，研究世界与中国经济现状。

李达主张研究各种经济学说或经济思想。他认为，各种经济学说都在某种程度上反映了当时经济生活状况，现代经济学说都以先行经济学说为源泉，并影响后续的经济学说。当我们研究各派经济学说，认识了某种学说的科学性与正确性以后，我们应当体会这种学说如何应用于具体的中国经济发展，如何适合中国国情才不至于有削足适履的弊病。为充实经济学知识，经济学还应研究各种经济学说或经济思想。这些观点和主张，在李达论著中有多处体现。

李达主张研究世界经济史与中国经济史。他认为，经济史包括世界经济史及中国经济史诸部门，广义经济学是历史上各发展阶段的社会经济理论。这些理论原是从各阶段经济发达的历史事实中抽象出来的，我们必须依据经济学原理去分别考察其事实及倾向，才能具体理解各种经济构造发展倾向和现代经济体系来踪与去迹，才能理解先进各国的经济制度与经济设施沿革。这些研究既可以充实经济学理论，也可以给中国经济建设提供参考。研究中国经济史亦然。因而广义经济学还必须研究世界与中国经济史。

李达主张经济学还必须考察世界经济动向和世界经济的特殊性。如：经济学诸科目研究程序，李达以货币、银行与财政学为例，认为货币银行学与财政

---

① 李达：《经济科学的研究程序》，载《李达全集》第 15 卷，人民出版社 2016 年版，第 18 页。
② 李达：《经济学大纲》，载《李达全集》第 13 卷，人民出版社 2016 年版，第 17 页。
③ 李达：《经济学大纲》，载《李达全集》第 13 卷，人民出版社 2016 年版，第 17 页。

学研究应当首先研究货币、银行与财政原理，但一般货币银行学原理是从资本主义各国货币流通与金融状况中抽取的，适合资本主义，却不能无条件地应用于中国。中国货币、金融和财政有其固有的特殊性，必须对其现状做一番科学研究。又如：经济科学的技术科目，李达以会计学与统计学为例，指出也要对中国会计和统计现状做一番科学考察，否则不能够指导中国会计和统计实践。研究世界与中国经济现状也是李达广义经济学的题中应有之意。

综之，李达经济学的研究对象是社会经济构造，李达经济学的研究范围属于广义经济学范围。循着这些明确的研究目标和宽广的研究界限，人们能深入探究李达在各类经济学上的思想观点和主要贡献。

第二节　产业革命与产业经济学思想

产业革命，源于 18 世纪中叶欧洲资本主义工业化初期，也称之工业革命或科技革命。世界上最早的产业革命发生在英国，此后资本主义国家陆续开始产业革命，到 20 世纪初世界主要资本主义国家整体上都完成了产业革命。世界产业革命实践证明，任何一次产业革命都会极大地影响那个时代经济发展。

一、中国产业革命进程与李达的产业经济学研究

各资本主义国家完成产业革命的进程，也是世界上落后的殖民地与半殖民地国家和人民被迫拖入产业化的进程，中国产业革命进程反映了世界被压迫民族的产业化特征。要了解李达产业经济学思想，需要了解中国产业革命进程。

1. 中国产业革命进程

要晓得中国产业革命进程，首先要了解世界产业革命进程。18 世纪 60 年代至 19 世纪中期，世界第一次产业革命以蒸汽机的发明和使用为标志，人类进入"蒸汽时代"，农耕文明开始迈向工业文明；19 世纪下半叶至 20 世纪初，第二次产业革命以电力的发明和运用为标志，人类进入"电气时代"，工业文明获得了长足发展；20 世纪后半期，第三次产业革命以原子能、计算机、空间技术和生物工程的发明和应用为主要标志，人类进入"信息时代"，后工业文明推动着全球化进程；当前第四次产业革命已经开启，以人工智能为代表的新技术革命正在蓬勃向前发展，人类必须做好迎接未来的准备。人类每一次的产业革命必将推动人类社会生产极大地向前发展。

李达研究产业革命时期正值资本主义国家第二次产业革命时代。伴随着帝

国主义对外扩张，资本主义产业革命也带动着世界各国产业的发展，但是帝国主义侵略目的是为了打开市场、销售商品、掠夺原料，所以殖民地和半殖民地国家的产业革命是被动地被拖入历史进程的，而且一开始注定是畸形发展的。在帝国主义产业革命影响和胁迫下，中国传统农业、手工业发生了重大变化，中国产业革命也催生了中国现代企业的产生，特别是洋务运动的兴起，中国现代企业获得了多方面发展。

2. 李达对中国产业革命的研究

李达的《中国产业革命概观》，研究了中国产业革命初期发展过程，提出了怎样发展中国产业的主张。

首先，关于中国农业和农业崩溃过程。李达从耕地、农户数变动入手分析了中国农业经营形态及其变迁、耕地分配形态、自耕农与佃农之消长。李达指出，中国产业革命初期表现为耕地减少、农户由大农降为中农、中农降为小农、自耕农减少、佃农增多，中国农村经济不断破产，整个农业处于崩溃过程之中。他还具体介绍了中国农村经济破产现状，分析了中国农村经济破产原因。

其次，关于中国手工业及手工业凋落过程。李达从分析手工业现状入手具体分析了中国手工业凋落过程。他指出，中国手工业组织与产业革命前的英国手工业很相似，但也指出由于外国资本的不断扩张，中国新式企业的渐渐发展，中国"手工业的产品被压倒，乃是当然的结果"①。

再次，关于中国近代企业发达过程及现状。李达先是介绍军用工业的兴起，后又分别介绍了几个特定时代，中国近代企业发展所取得的成就及不足。至于中国近代企业现状，李达通过重点介绍了一些行业概括了中国近代工业情况。

又次，关于中国境内资本主义发展情况。李达先是分析国际资本侵入，重点介绍了工业、银行和外债等情况，又从官僚资本、商业资本、银行资本、工业资本形成的具体过程介绍了国内资本形成过程。

最后，关于发展中国产业途径。李达先是肯定中国当时还在产业革命过程中，接着又具体分析了他提出发展中国产业的理由，他认为发展中国产业的途径，应以打倒帝国主义的侵略为核心要义。

二、《中国产业革命概观》的体系结构及主要内容

《中国产业革命概观》从整体上介绍了中国产业革命发生、发展概况，重点介绍了农业、手工业和近代企业的发展过程和近代企业现状，它有着清晰的

---

① 李达：《中国产业革命概观》，载《李达全集》第5卷，人民出版社2016年版，第28页。

体系结构和明确的具体内容，人们可以从中析出李达产业革命思想。

1. 《中国产业革命概观》的体系结构

李达的《中国产业革命概观》在体系结构上共分为 7 章 25 节，根据其内容，全书可分为四大部分。

第一部分产业革命。包括第一章绪论，从整体上介绍了产业革命意义、欧洲产业革命和中国产业革命。

第二部分农业、手工业发展过程。包括第二章和第三章，具体介绍了农业和手工业两大产业的发展演变过程，即第二章介绍了农业和农业崩溃过程、第三章介绍了手工业和手工业凋落过程。

第三部分中国近代企业的发达过程和现状。包括第四章和第五章，重点介绍了近代企业发达过程及现状。其中，第四章介绍了近代企业发达过程，第五章介绍了近代企业现状。

第四部分中国境内资本主义发展与怎样发展中国产业。包括第六章中国境内资本主义发展、第七章怎样发展中国产业，提出了发展中国产业的对策。

2. 《中国产业革命概观》的主要内容

根据上述体系结构，我们继续分析李达产业经济学思想的主要内容。

第一，产业革命。主要内容有三：一是产业革命的意义。李达指出产业革命是某个时代产业史的大变革，是促成现代社会发生和成长的东西。二是欧洲产业革命。李达重点分析了欧洲发生产业革命的原因，指出近因是机器和蒸汽机的发明，远因是印度航路和美洲新大陆的发现，产业革命掀起之后，近代产业就夺取了手工业地位，社会变成近代资本主义社会，分裂成有产和无产两大阶级。三是中国产业革命。李达指出中国自被帝国主义政治、经济侵入之后，就踏上产业革命过程。他还比较了中国产业革命和欧洲产业革命的异同，指出帝国主义侵略中国的目的是销运商品、采集原料、投出资本，绝不是帮助中国发展资本主义，所以中国现代资本主义，一面得到相当发展，一面绝没有翻筋斗可能，够不上做国际金融资本的竞争者。因此，他认为中国农业、手工业和新式工业等产业发展面临着重重危机，正在悄然地迎接产业革命的到来。

第二，农业、手工业发展过程。内容有二：一是农业和农业崩溃过程。李达先根据当时北京政府农商部统计数据，介绍了全国各省耕地面积及总数情况，公布了民国三年至民国七年（1914—1918 年）的全国农家户数状况；又根据北京农商部民国六年（1917 年）数据，分析了中国农业经营形态及其变迁，指出如果按照 10 亩未满、10 亩以上、30 亩以上、50 亩以上、100 亩以上的标准，中国农业经营以小农最多，其次中农；根据民国六年到民国九年（1917—1920年）的数据变动，分析指出农民正由大农变成中农、中农降为小农的径路；还以民国六年（1917年）北京农商部统计数据为据，分析了中国耕地分配形态，指出全体农户中自耕农约占50%，佃农约占28%，自耕兼佃农约占22%；并以武汉中央农民部所调查的全国有地农民的统计，指出总数占绝大多数的小农和中农拥有的耕地仅占全体耕地的19%，由此可见土地之集中。李达认为，自耕农与佃农之消长，主要体现在农村经济破产正在不断持续，尤其是东部地区都市工业发达，渐次促进家族制度的崩坏，驱使农民化成工业劳动者；李达指出，中国农村经济破产现状，不仅体现在自耕农减少与佃农之增加，中农降为小农，也还体现在全国荒地面积增加、农业人口减少、进口粮增加等显著现象；李达分析认为，中国农村经济破产原因有很多，但主要原因在于帝国主义侵略、封建政治剥削、土豪地主剥削，同时也指出有农村文化落后、耕种方法不良、交通阻碍等附带原因。二是手工业和手工业凋落过程。李达分析了中国手工业现状，指出手工业者占着一定数量，而且手工业种类很多，但因为简单机械的普及，中国家内旧式手工业已转为利用简单机器的家内小工业。

第三，近代企业发展过程和现状。内容有二：一是近代企业发展过程。李达根据中国近代工业发展的史实，认为中国近代企业历史遵循始于军用工业到一般生产工业、由外资压迫到民业自立的过程。他按照重大事件将中国近代史进行分段，侧重介绍了1862年到1881年军用工业时代军工的兴起及得失分析，介绍了1882年至1894年经济生产时代官办事业及官督商办事业之铁工业、采煤业、铁路业及各种工厂设置情况，介绍了1894至1904年外资侵入情况与民业萌芽状况，介绍了1905年至1911年收回权利运动与保护民业时代中国人奋力抗争情况，介绍了杯葛运动与工业自立萌芽时代中国企业发展概况，指出中国近代工业实在是很贫弱。二是近代企业现状。李达运用大量数据介绍了中国煤铁、煤田及锑矿情况，介绍中国铁路和船舶发展及受外资控制情况，也以一些重点行业为例介绍了中国近代工业自立发展情况，指出近代中国的大部分产业都受了国际资本主义支配。

第四，中国境内资本主义发展与怎样发展中国产业。内容有二：一是中国境内资本主义发展。李达指出，国际资本侵入成了清末以来外交的根本线索，他以工业、银行、外债为例，介绍了国际资本侵入，分析了中国各种资本形成，详细介绍了国内资本集积过程，具体指出了中国产业有着多种可能前途。二是怎样发展中国产业。李达认为，当时中国还在产业革命过程中，中国新式产业，还停留在粗工业时期，还没有向前发展的曙光，并且显示了新生产力发展颇受阻碍的现象。李达分析了中国产业迟迟不发达的原因，特别指出帝国主义侵略通过不平等条约，使中国领土权、关税权、工业经营权、领海及内河航行权、国际投资等被剥夺，导致中国新式产业绝没有顺利发展的余地。因此，打破国际帝国主义侵略，成为发展中国产业要首先考虑的。李达还分析了封建势力和封建制度对发展新式产业的阻碍作用，以及中国各类产业劳动者的特殊性。

总之，李达产业经济学思想集中体现了他的产业经济学研究成就，即开启了马克思主义经济学中国化的研究路径，引发了对发展中国产业问题的思考，客观描述了中国产业发展历史与现状。李达开辟的产业经济学研究，使他成为了近代中国最早研究产业问题的第一人，这为推进中国产业革命、促进中国近代产业发展提供了理论指导。

第三节　社会经济构造与政治经济学思想

马克思主义政治经济学从商品现象入手，运用科学抽象法，分析了资本主义社会的矛盾运动，得出资本主义必然灭亡、社会主义必然胜利的结论。李达遵循相关原理和方法，拟对各种社会形态的经济构造进行研究。

一、社会经济构造的历史考察与政治经济学研究

李达对社会经济构造的考察，集中体现在《经济学大纲》中。他主张的社会经济构造是生产力与生产关系的统一，而生产力与生产关系矛盾又是唯物史观所揭示的社会基本矛盾之一。又因为人类社会基本矛盾存在于一切社会形态之中，所以社会经济构造也就存在于人类一切社会形态中，亦即李达对资本主义、先资本主义和社会主义的政治经济学都要进行研究。

1. 对先资本主义社会经济构造的考察

李达的先资本主义社会经济构造理论，内容上包括原始的、奴隶的和封建的社会经济构造，这是李达运用唯物史观考察社会经济构造的逻辑起点。其中，在考察原始社会经济构造部分，李达重点考察了氏族社会以前的经济、氏族社会经济以及原始社会经济发展和崩溃过程；在考察奴隶社会经济构造部分，李达重点考察的是奴隶制经济形态发生、发展与崩溃过程；在考察封建社会经济构造部分，李达重点考察了封建经济形成及其一般特征、都市经济发展、封建经济崩溃等内容。

2. 对资本主义社会经济构造的考察

对资本主义社会经济构造进行系统考察是李达研究的重点，因为资本主义社会是当时世界占主导地位的社会形态。李达具体考察资本主义社会经济构造遵循着马克思政治经济学研究进路，从商品入手，依次对马克思主义政治经济

学所揭示的生产过程理论逐一进行了考察。同时，李达的政治经济学思想不限于马克思的理论，他还吸收了列宁的帝国主义理论和斯大林的经济危机理论，体现了其理论研究的与时俱进性，反映了李达的理论研究范围和政治经济学研究水平。

3. 对社会主义和中国现代社会的经济构造考察

依据唯物史观原理，对社会主义经济构造进行考察，是很有必要的。李达在《经济学大纲》中提出研究社会主义经济必要的原因在于，"目前的世界中，与资本主义经济体系相对立的东西，有社会主义经济体系"，而且"社会主义经济体系，是在占地球六分之一的地面上成立的"①，所以，也要研究社会主义经济的发展。当然，强调研究中国经济一直是李达反复声明的重点。但是，如上所述，由于当时的主观、客观原因，《经济学大纲》没有能够对社会主义经济构造和中国经济构造展开研究。

二、《经济学大纲》的体系结构及主要内容

《经济学大纲》对先资本主义和资本主义的社会经济构造进行了全面考察，各部分都有着自己的体系和丰富的内容。

1. 《经济学大纲》的体系结构

李达的《经济学大纲》在体系结构上共分为两部分 16 章 42 节。

第一部分先资本主义社会经济形态。考察了包括第一章原始社会经济形态、第二章古代社会经济形态、第三章封建社会经济形态等三种社会经济形态，主要介绍了三种先资本主义社会经济形态发生、发展和变化过程。其中，原始社会经济形态包含前氏族社会经济和氏族社会经济，介绍了原始社会经济发展及崩溃过程；奴隶社会经济形态介绍了奴隶制经济形态发生、发展与崩溃过程；封建社会经济形态介绍了封建经济形成及其一般特征、都市经济发展、封建经济崩溃过程。

第二部分资本主义社会经济形态。包括第一章至第十三章，内容上涉及商品、货币、货币资本化、剩余价值生产和工资、资本再生产与积蓄、资本循环与回转、剩余价值利润化、商业资本与商业利润、放款资本与信用、恐慌、地租、帝国主义、资本主义总危机与特种萧条等，整体上涉及马克思主义政治经济学理论的全部内容。

---

① 李达：《经济学大纲》，载《李达全集》第 13 卷，人民出版社 2016 年版，第 13 页。

2.《经济学大纲》的主要内容

《经济学大纲》主要内容包括先资本主义和资本主义的社会经济形态，它们从多方面体现了李达政治经济学思想。

第一，先资本主义社会的经济形态。李达重点介绍了原始社会、奴隶社会和封建社会三种社会形态的形成和演变过程。

关于原始社会经济形态。主要内容有三：一是氏族以前的经济。李达介绍了人类社会起源、先氏族社会生产诸力和生产关系，指出人类社会经济史始于人类社会发生时，人类社会经历了木器时代、石器时代、金石并用时代和金属器时代等以生产工具为标志的四个时代，肯定了劳动创造人类本身，比较了旧石器时代前后期技术，分析了原始人群、性别与年龄分工、婚姻关系与家庭关系。二是氏族社会的经济。李达介绍了氏族社会生产经济、生产关系，指出氏族社会是先阶级社会后期发展阶段，由先氏族时代到氏族时代的推移，是旧石器时代到新石器时代的推移，是采集与狩猎经济到生产经济即农业与牧畜经济的推移，是集团婚姻到对偶婚姻的推移；还介绍了氏族社会生产诸力显著进步，生产不仅使用新石器，而且还使用铜器、青铜、铁器等金属工具，农业、畜牧业及手工业都有较大发展，氏族实行集团生产与集团分配，氏族血统关系是人类共同体，母系氏族占主导，原始共产主义基本特征包含于氏族社会生产关系之中。三是原始社会经济发展及崩溃过程。李达介绍了原始社会基本矛盾的发展和崩溃，认为原始社会发展原动力是生产力与生产关系的矛盾，人类社会两次大分工，父系氏族地位上升，生产个别化是私有财产与阶级出现的前提，它们的发展促成了私有财产的产生和原始社会的崩溃。

关于古代社会经济形态。主要内容有三：一是奴隶制经济形态发生与发展。李达介绍了奴隶制的形成、奴隶制经济构造特征、商业资本与高利贷资本在奴隶社会中的地位，指出奴隶制经济构造发生有两个前提，即原始社会末期发展起来的生产力水平提升和农村共同体内部发生的财富不平等，并以希腊、罗马为例剖析了奴隶制经济构造，如：奴隶劳动的剥削形态、奴隶经济的自然性质、大奴隶生产的优越性、奴隶制下农业占支配地位；指出商业发达及商业资本的寄生虫作用，大奴隶生产与商业发展引起货币与高利贷资本的发生和发展。二是奴隶制经济形态的崩溃。李达介绍了奴隶制经济矛盾及其发展、近代奴隶制遗物，指出奴隶制经济矛盾，即生产关系与生产力矛盾及其扩大，促进了奴隶制崩溃，引发奴隶制向隶农制推移、奴隶制向封建制转变与民族征服，同时也揭示了近代奴隶贸易，批判了奴隶制，落脚点在于如何使中国人民从奴隶状态下解放出来。

关于封建社会经济形态。主要内容有三：一是封建经济的形成及其一般特征。李达分析了由奴隶制到封建制的转变过程，指出了封建经济与奴隶制、资本主义经济的区别；归纳了封建经济的九方面特征，指出了封建的三种地租形态是劳役地租、现物地租和货币地租。二是都市经济的发展，李达介绍了都市勃兴、手工业行会、商业的发达、商业资本与高利贷资本。三是封建经济的崩溃。李达具体介绍了西欧 16—17 世纪农村经济的演化、家内工业与工场手工业的勃兴，区分了单纯的商品经济与资本主义的商品经济。

第二，资本主义社会的经济形态。其内容涵盖劳动价值论、货币理论、剩余价值论、资本循环和周转理论、资本和利润理论、银行与信用理论、地租理论、恐慌与危机理论、帝国主义理论等马克思主义政治经济学全部理论。

第一章商品，重点介绍劳动价值论。李达指出，商品是资本主义的细胞，也是研究资本主义的始点，商品具有使用价值和价值二重性，劳动生产物只在商品社会才能转变为商品，私人劳动与社会劳动之间的矛盾是商品生产主要矛盾。商品二重性决定劳动二重性，即按照创造价值方式区分的具体劳动和抽象劳动，对应于使用价值和价值；劳动按其复杂程度可分为简单劳动和复杂劳动。李达还概括了商品价值形态的几种形态，即单纯的价值形态、扩大的价值形态、一般的价值形态和货币价值形态。分析了商品拜物教，指出了价值法则是资本主义生产方法的根本运动法则。

第二章货币，主要介绍了货币理论。李达分析了货币的本质和货币拜物教，指出了货币是历史范畴、商品经济发展的产物，也必将随着商品经济发生而发生、消灭而消灭。货币本质是一般造价物，货币机能体现为五种职能。

第三章货币资本化，主要介绍货币运动。李达先介绍资本运动一般公式（G—W—G′）及其矛盾，指出货币流通过程中不能产生剩余价值，但可以从生产过程中分析价值源泉。劳动力是特殊商品，它转化为商品需要两个条件：劳动者人格上的自由，劳动者与生产手段及生活资料相分离；劳动力价值包括使用价值和价值，决定劳动力价值具有多重要素。

第四章剩余价值生产和工资，主要介绍剩余价值理论和工资理论。李达从分析劳动力作为特殊商品入手，指出剩余价值是劳动者在剩余劳动时间创造的价值，它是劳动力在劳动过程中形成的。李达还剖析了资本主义工资，指出工资是劳动力价值，工资有时间工资、产额工资等基本形态，还有赏与形态、额外劳动等其他形态，工资存在着国民差异，等等。

第五章资本再生产与积蓄，主要介绍资本主义再生产及积蓄理论。李达指出，再生产是生产过程的更新与反复，资本主义再生产有单纯再生产和扩大再生产；资本积蓄包括资本集积与资本集中，资本积蓄过程中，伴随着技术进步可以促成资本有机构成提高，而技术发达也引起了产业预备军形成，产业预备军的存在必然会影响工资与劳动阶级的一般地位。李达还介绍了资本主义积蓄的一般法则及过程，指出资本原始积蓄是资本主义生产方法的必要前提。

第六章资本循环与回转，主要介绍资本循环与回转理论。李达指出，资本循环是指资本顺次经过货币资本、生产资本、商品资本等阶段的资本运动，每一种形态又经过相应运动实现自己内部新循环，资本只有在运动中才能发挥其机能，资本在运动中有连续和中断；资本回转是指不把资本循环当作个别事象而是当作周期过程看的资本循环，资本总循环中包含有固定资本和流动资本，资本回转速度对于剩余价值量会产生直接影响；资本运动包括个别资本运动也包括社会资本运动，而社会资本运动要求资本主义生产各部门之间保持一定的比例，它包括单纯再生产条件下和扩大再生产条件下的社会资本运动。

第七章剩余价值利润化，主要介绍剩余价值转化成利润。李达指出，资本家在资本循环中对每一单位商品的总支出即生产费和现实中的劳动支出（含剩余价值）是分离的，因而生产费范畴掩盖了资本主义榨取的根源，抹杀了不变资本与可变资本的区分，掩饰了资本各种形态的原则差别，以及资本各部分在价值转移及剩余价值形成过程中所发生的不同作用。利润就是把剩余价值当作垫付总资本去看时的概念，利润率是剩余价值对总资本的比例。利润率受资本有机构成影响，即资本有机构成越高，在其他条件不变时，利润率就越低；利润率也受资本回转速度影响，即资本回转速度越快，利润率越高。由于资本家之间竞争和资本移动，利润具有平均化倾向，实质是剩余价值在资本家之间再分配。生产价格是生产费加平均利润而形成的价格。

第八章商业资本与商业利润，主要介绍商业资本与商业利润。李达指出，商业资本是参与总资本循环的资本流通部分，商业利润是商业资本家要求支出在商品流通上所必要的资本的利润，商业资本回转速度影响商业利润，即商业资本总额会因为回转加速而减少。李达还分析了商业雇员劳动与剩余价值的关系，指出商业雇员劳动是参与狭义流通过程即从事价值转化的劳动，在实现商品与货币相互转化上是必要的，但不能形成价值和剩余价值。资本主义社会的人们为了避免商业资本剥削，组成了各种合作社，但受制于资本主义生产支配，因此，合作社所得的商业利润本质上等同于资本主义商业利润。

第九章放款资本与信用，主要介绍放款资本理论。李达认为，放款资本是在资本循环中货币所有者手中作为获息手段的货币资本，利息是货币所有者从使用货币资本的资本家手中所领受的剩余价值一部分，银行或金利生活者集团执行着以利息形式取得剩余价值一部分的机能。李达还揭示了放款资本拜物教的根源，分析了利率对于放款资本的比例，指出了企业利润与利息分立，介绍了高利贷剥削，分析了商业信用和银行信用等。

第十章恐慌，主要介绍恐慌理论。李达指出，资本主义恐慌特征是由于过剩生产而生出的，资本主义恐慌具有周期性，恐慌的根本原因是生产的社会性与占有的私人形式之间的矛盾。李达还指出资本主义再生产具有循环性。

第十一章地租，主要介绍地租理论。李达指出，地租是资本家需要土地而向地主租借时向地主交纳的土地使用费，实质是平均利润之上的超过额；地租形态，包括差额地租和绝对地租。地租的社会意义在于对资本家和劳动者阶级都有极大损害，农业资本主义发展导致了都市与农村对立，农业生产集积，使大多数小农因为破产而变成了无产阶级。

第十二章帝国主义，主要介绍帝国主义理论。李达指出，帝国主义是资本主义最高阶段，它具有五大特征：生产和资本集中产生了独占，银行资本与产业资本融合形成了寡头政治，资本输出具有特别意义，形成了分割世界的资本家的国际独占同盟，最强大的资本主义国家对于世界领土已经瓜分完毕。李达特别介绍了资本主义独占，指出其方式可分为加特尔、辛狄加、托拉斯、康策伦等几种；介绍了银行的集中与独占，小银行变成了大银行的支行，最终形成金融寡头政治；资本输出具有特别意义；资本家联合对世界进行分割。李达认可资本主义发展不均衡性理论和社会主义在一国胜利的理论。

第十三章资本主义总危机与特种萧条，主要介绍资本主义总危机理论。李达指出，世界分为资本主义和社会主义两个体系并相互斗争，是资本主义总危机时期最重要最根本的特征。资本主义危机可分为三个时期，即相对安定时期、从混乱中解脱出来恢复时期、战后资本主义繁荣时期。他还分析了现代世界经济恐慌的一般情势及四个特征，也指出了资本主义特种萧条及特征。

总起来说，《经济学大纲》集中体现了李达政治经济学思想，也体现了李达政治经济学研究成就：一是全面地阐述了马克思主义政治经济学内容。李达运用中国式语言阐述《资本论》原理，忠实转述了马克思主义政治经济学思想。二是及时地吸纳了最新的政治经济学研究成果。李达以最新数据和中国式语言对中国当时的政治经济学发展成就进行了总结，引导国人关注中国经济问题，探讨中国社会出路。三是概括地介绍了先资本主义社会经济形态。这是李达对马克思主义政治经济学内容的拓展，也是他的政治经济学研究独具特色的部分。四是特别地强调了研究社会主义经济和中国经济很有必要。李达认为，社会主义经济体系虽然弱小但它是崭新的，代表着人类社会未来发展方向，同时又立足于"现代中国人""生活于现代中国"，所以强调研究它们的经济很有必要。此外，李达政治经济学既研究生产关系又研究生产力，持广义经济学立场研究人类社会所有经济结构，采用当时最新数据，运用中国式语言和语言风格等，都是他对马克思主义政治经济学中国化、时代化、大众化的尝试。

第四节 货币学理论与货币经济学思想

《资本论》是马克思主义政治经济学最富代表性的成果，被称为"工人阶级的圣经"，它在内容上包含劳动价值论、剩余价值论、资本积累论、资本循环和周转论、社会资本再生产和流通论、平均利润和生产价格论、商业资本和利润论、借贷资本和信用论、地租论等理论。其中的劳动价值论专设货币理论章节，从分析商品入手，介绍货币本质、职能，对商品拜物教、货币拜物教进行批判。李达的《货币学概论》源于马克思货币学理论，同时又结合当时的世情国情，全面介绍和探讨了货币学基本理论，是中国第一部系统阐述马克思主义货币学理论的著作。

一、金融恐慌和金本位制崩溃与货币经济学研究

《货币学概论》是李达研究货币经济学的最重要的理论成果，也集中体现了李达货币学思想。该书的产生有着深刻的时代背景和理论自觉。

1. 资本主义金融恐慌和金本位制崩溃

李达撰写《货币学概论》的动因，直接源于经济学教学需要，更深层次的原因在于20世纪30年代他的研究重心转到经济学时，正值20世纪20年代末到30年代初资本主义金融恐慌和世界金本位崩溃的阶段，即1929年爆发于美国的股灾危机，引发了20世纪30年代资本主义世界最严重的经济危机，间接促成二战的爆发。当时的资本主义金融恐慌和世界金本位制崩溃到底是什么样情况呢？

第一，资本主义恐慌与金融恐慌。李达认为，货币流通与金融恐慌密切相关，金融恐慌是产业恐慌的"发现形态"。李达首先分析了恐慌的一般特征和作用，认为资本主义再生产呈现某种周期性，"通过繁荣、恐慌和萧条等生产状态的阶段。萧条的状态之后，渐渐地开始活跃，其次进到繁荣状况，最后以恐慌而终结。恐慌用可怕的力量，撼动资本主义经济的基础"。又分析了恐慌的表现，认为恐慌是商品与资本流通中断，"商品不能变形为货币；滞货山积；物价低落；商业停滞；工厂关门；银行破产；劳动者被驱逐于街头"[①]。分析了恐慌的原因，认为恐慌的可能性在单纯商品流通及货币形态中已潜伏着，因而李达

---

① 李达：《货币学大纲》，载《李达全集》第15卷，人民出版社2016年版，第437页。

主张在资本主义再生产过程中去探求恐慌原因。资本主义再生产通过活跃、繁荣、恐慌和萧条等阶段而呈现出循环性，"由活跃到繁荣，由繁荣到恐慌，再由恐慌到萧条"①，这种循环性引发了恐慌的循环性，这种循环性是螺旋式运动。每一次恐慌都有其特殊的表现，并与资本主义经济发展各阶段现实性相适应。金融恐慌包括一般和特殊两大类：一般金融恐慌（金融—信用恐慌），是产业恐慌现象形态，可分为信用恐慌、银行恐慌、货币恐慌、交易所恐慌、货币恐慌；特殊金融恐慌，以货币资本为运动中心，以银行、交易所及财政等为活动范围。资本主义世界的国民经济是一个有机链，其中的任何一环发生破绽，都会影响全体。产业恐慌和金融恐慌都会演绎成国际规模恐慌。"恐慌发生后，金子就会顺次地由一国推及于他国"，"一国发生了恐慌，就顺次通过输出入的贸易，由一国涉及于他国"②。金融恐慌一般是产业恐慌的现象形态。"全部恐慌，乍看好像是信用恐慌及金融恐慌"③，金融恐慌也是产业恐慌的必然现象形态，产业恐慌存在，金融恐慌就绝不能消灭。

第二，世界金本位制崩溃。李达充分研究了货币运行法则后指出，随着国际交换发展，货币就超出国内流通领域，转化为世界货币。国际的商品和资本流通，就产生了汇票和汇价。汇价变动就产生了贸易差额，包括贸易顺差和贸易逆差。如果资本主义各国运用人工方法破坏货币运行法则，就会产生通货膨胀和通货紧缩。金本位制崩溃过程即本位货币恐慌过程。李达认为，本位货币恐慌在一战前虽是常见现象，但时期很短、范围不广，一战后蔓延到整个资本主义世界，且时间特别久。但在战时通货膨胀中，"物价的腾贵，货币价值的低落，使得资产阶级因战时的投机而致富，而劳苦大众却陷入困厄的深渊"④。这种遍布资本主义世界的通货膨胀与战争混乱，终于引起了世界经济破产。战后交战各国，为偿还战时公债、复兴战时被破坏的区域或支付赔款，就必须筹措大宗经费，把一切的负担转嫁于劳苦大众。李达运用当时所掌握的资料，还顺次研究了德国、法国、英国、美国、日本等主要资本主义国家战时战后货币流通情况，指出通货膨胀也是激起大众革命、威胁资产阶级政权的诸原因之一。因此，资产阶级把安定通货看作经济的、政治的安定的第一前提。战后大多数资本主义国家形式上恢复了金本位制，但与战前帝国主义及自由资本主义时代的金本位制不同，采取的是金块本位制与金汇兑本位制两种金本位制，它们失

① 李达：《货币学大纲》，载《李达全集》第 15 卷，人民出版社 2016 年版，第 442 页。
② 李达：《货币学大纲》，载《李达全集》第 15 卷，人民出版社 2016 年版，第 451 页。
③ 李达：《货币学大纲》，载《李达全集》第 15 卷，人民出版社 2016 年版，第 453 页。
④ 李达：《货币学大纲》，载《李达全集》第 15 卷，人民出版社 2016 年版，第 529 页。

去了战前的健全性，包含着新的崩溃的诸条件。李达详细地分析了资本主义金本位制崩溃的过程，认为它们与战前的第三期的激烈的本位货币恐慌不同。其特殊性表现为恐慌范围特别广、程度特别深、期间特别久、发展很不平衡、失业人数特别多、工农恐慌互相交错、最强烈爆发于美国，原因在于全部资本主义制度激烈的危机。金本位制崩溃开端于货币与信用关系最薄弱一环，即首先是农业国家与殖民地本位货币恐慌。主要资本主义国家货币与信用的连锁，首先是在奥国与德国被切断，接着又有金镑崩溃、日元崩溃、金元崩溃、法郎崩溃，自此再无采行金本位制的国家。

2. 李达从事货币经济学研究

基于对资本主义金融恐慌和世界金本位制崩溃的认识，李达认为世界金本位制的阶段就是资本主义各国本位货币的恐慌阶段，因此他强调"必须学习《资本论》，发扬《资本论》中的经济和货币理论"。他也打算"写这样一本书"[①]，就是指后来的《货币学概论》。李达的这种意识，是一种民族使命的自觉，更是一个马克思主义者的理论自觉。

李达从事货币学理论研究、撰写《货币学概论》的时间，大致是在北平大学和中国大学任教期间。1937 年该著作基本完成以后，当时是作为北平大学法商学院的教材被刊印。1949 年 5 月李达重返北平后才得于最后定稿[②]，并作为"新中国大学丛书"之一，由上海三联书店于当年出版。该书也是李达 20 世纪 30 年代在经济学方面的主要著作之一，书中所引的数据、事实资料，基本上是 1936 年以前的。此书从成稿到出版，正值中国抗日战争和解放战争期间，前后跨越长达 12 年，从某个侧面反映了民族危亡和李达个人命运的坎坷。

二、《货币学概论》的体系结构及主要内容

李达的《货币学概论》有着较为完整和严谨的体系，也有较为丰富和全面的内容。为了准确地掌握其基本精神和主要观点，要从体系上把握它、从内容上把控它，这样做具有非常重要的意义。

1. 《货币学概论》的体系结构

李达的《货币学概论》在体系结构上共分为 9 章 23 节，根据所依据的基本原理不同，全书体系大致可分为三大部分。

第一部分货币本质与机能理论，依据马克思的《政治经济学批判》和《资本论》第一卷第 1~3 章内容，主要介绍了货币本质和机能，并对各派货币学理

---

① 尹进：《〈李达货币学概论〉的写作前后及出版的伟大意义》，载《经济评论》1991 年第 5 期。

② 尹进：《〈李达货币学概论〉的写作前后及出版的伟大意义》，载《经济评论》1991 年第 5 期。

论进行批判。包括第一章货币的本质、第二章货币的机能、第三章各派货币学说。其中，"货币的本质"，介绍了货币与商品、价值形态的发展与货币的发生；"货币的机能"，介绍了当作价值尺度与流通手段看的货币、当作货币看的货币、货币的诸机能与商品生产关系；"各派货币学说"，介绍了货币金属学说、货币名目学说和货币数量学说。

第二部分信用与货币理论，主要阐述信用与资本主义的货币制度。包括第四章信用与信用货币、第五章资本主义的货币体制。其中，"信用与信用货币"，介绍了商业信用、资本信用与票据、银行信用、信用货币与信用的作用；"资本主义的货币体制"，介绍了各种本位制、银行券流通法则、资本主义各国的银行券统制。

第三部分货币运动与金融危机理论，对金融恐慌、通货膨胀、金本位制崩溃等问题进行了论述。包括第六章金融恐慌与货币流通、第七章世界货币的运动与汇价、第八章通货膨胀、第九章金本位制的崩溃。其中，"金融恐慌与货币流通"，介绍了产业恐慌与金融恐慌；"世界货币的运动与汇价"，介绍了汇价的形成、汇价的变动；"通货膨胀"，介绍了纸币的通货膨胀、汇兑通货膨胀与信用通货膨胀、通货膨胀的影响及其到通货紧缩的过程；"金本位制的崩溃"，介绍了第一次世界大战时期及战后各国的货币流通、金本位制崩溃的过程。

2.《货币学概论》的主要内容

如上所述，李达的《货币学概论》主要内容包括货币本质与机能、各派货币学说、信用与信用货币、资本主义货币体制、金融恐慌与货币流通、世界货币运动与汇价、通货膨胀和金本位制崩溃等方面。根据不同类别，我们大致可以将其划分为货币本质与机能理论、信用与货币理论、货币运动与金融危机理论等，这些内容从多方面体现了李达的货币经济学思想。

第一，货币本质与机能理论。主要内容有三：一是货币的本质，介绍了货币产生、发展、形态与本质等问题。关于货币与商品，李达从货币现象着手，通过批判货币拜物教、金属学说、名目主义、货币数量说，指出货币学是要暴露货币发展法则，认为货币本质在于内在矛盾，必须到商品中去探求，进而从商品二重性到劳动二重性的分析，延伸到追求货币本质；关于价值形态发展与货币发生，李达从货币本质到现象过程、价值与交换价值、相对价值形态与造价形态，分析价值现象形态，又从单纯的价值形态、扩大的价值形态、一般的价值形态，分析价值形态发展、货币发生和金银成为货币的由来，指出货币本质是"一般等价物"[①]；关于商品拜物教、货币拜物教，李达通过揭示与批判，

---

① 李达：《货币学大纲》，载《李达全集》第 15 卷，人民出版社 2016 年版，第 309 页。

认为商品和货币同是历史范畴，货币是商品经济发展过程的产物。二是货币的机能，重点介绍了价值尺度、流通手段、储藏手段、支付手段和世界货币等货币五大机能，以及货币诸机能与商品生产关系。关于当作价值尺度与流通手段看的货币，李达分别介绍了货币具有当作价值尺度和流通手段的机能，分析了价值尺度机能的原因、观念上的货币、价格本位机能、货币价值与商品价格的关系，分析了流通过程与直接交换的区别、贩卖与购买、货币的运动、流通所必要的货币量，以及铸币和纸币等；关于当作货币看的货币，李达介绍了货币的储藏手段、支付手段和世界货币等三大机能；关于货币诸机能与商品生产，李达总括性地介绍了货币的价值尺度、流通手段、储藏手段、支付手段、世界货币等五种机能与商品生产的关系，揭示了货币的资本化、剩余价值源泉，指出了货币的阶级性。三是各派货币学说，李达主要针对当时比较流行的货币金属学说、货币名目学说和货币数量学说等三大资本主义货币学说，依次进行了分析和批判，为他发挥马克思主义货币学说、阐述自己的货币学思想开辟了道路。

第二，信用与货币理论。主要内容有二：一是信用与信用货币，李达介绍了商业信用、资本信用和银行信用的运行法则，以及信用货币与信用的作用。关于商业信用、资本信用与票据，李达指出商业信用是商品的信用贩卖，资本信用是资本的贷出，票据通常分为期票与汇票，票据贴现是指持票人在票据满期以前用票据换取现金的行为；关于银行信用，李达重点介绍了银行与银行信用、银行信用与银行业务；关于信用货币与信用的作用，李达主要介绍了汇票期票与支票等商业票据、银行券和信用的作用。二是资本主义的货币体制，李达主要介绍了各种本位制、银行流通法则和资本主义各国的银行券编制。关于各种本位制，重点介绍了金本位制、金银复本位、并行本位、跛行本位及银本位，介绍了英镑、美元、法郎、日元等各国金本位制之历史；关于银行流通法则，重点介绍了银行券的发行与流通、银行券纸币化，以及说明了银行券流通法则的基础是与金子流通法则相一致；关于资本主义银行券统制，重点介绍了资产阶级银行券统制原理、各国银行券发行制度等。

第三，货币运动与金融危机理论。主要内容有四：一是金融恐慌与货币流通，重点介绍了产业恐慌、金融恐慌与货币流通的关系。关于产业恐慌，李达分析了恐慌的根本原因，资本主义再生产的循环性与恐慌；关于金融恐慌，李达指出金融恐慌是产业恐慌的现象形态，并重点分析了一般恐慌和特殊恐慌、信用与银行恐慌、货币与货币本位恐慌、交易所恐慌等金融恐慌种类，以及国际金融恐慌。二是世界货币运动与汇价，是对货币在世界范围内的运动及汇价形成机制和汇价变动的分析。关于汇价形成，李达认为汇兑发生原因在于金银的国际移动、国际商品资本流通和国际借贷清算等；关于汇价变动，李达分析了汇价变动与支付差额、汇价变动与通货贬价及金银比价变动、禁止现金出口与汇价变动的关系，介绍了各类汇兑政策。三是通货膨胀，主要是对货币运行法则的揭示与分析。关于纸币通货膨胀，李达揭示了纸币运动法则在于纸币数量不超过所代表的同名金币流通必要量，此法若受到破坏就会产生通货膨胀、纸币减价与物价腾贵现象；李达还说明了汇兑通货膨胀和信用通货膨胀，指出二者可以相互推移，信用通货膨胀可分为产业繁荣期、经济恐慌期、战争时期三种情况；关于通货膨胀的影响及其到通货紧缩的推移，李达分析认为通货膨胀对资产阶级有利，而对小生产者及薪给生活、劳苦大众影响重大；关于通货膨胀界限与清算，李达根据通货膨胀特征给出了他的定义，并进而对克服通货膨胀方法进行了介绍。四是金本位制崩溃，是肃清通货膨胀、稳定通货方法实施过程的延续。关于一战时及战后各国的货币流通，李达分析了战时通货膨胀与本位货币恐慌及金本位制停止、战后各主要资本主义国家通货膨胀与本位货币恐慌及通货安定过程，指出战后的金块本位制与金汇兑本位制与战前金本位制的质不相同；关于金本位制崩溃过程，李达通过分析金本位制崩溃的恐慌背景、契机和开端，揭示了英镑、日元、美元、法郎等货币的金本位制崩溃过程。

总体来看，《货币学概论》全面体现了李达的货币学思想，是我国 20 世纪 30 年代货币学研究领域、更是李达货币学研究的标志性成果。李达循着马克思的思路，提出必须在商品中去探求货币的本质，通过对货币从"贝"、从"巾"的解释，阐述了货币发展史。他还通过考察货币机能，指出社会主义与资本主义货币性质全然不同，并对资本主义三大货币学说进行了批判。李达将资本主义信用体制和货币制度作为研究金本位制崩溃的前提，指出商业信用与资本主义再生产不可分割；又通过揭示信用对资本主义再生产的作用，指出资本主义巨大生产力是其源泉不竭的原因，为资本主义周期性经济危机把脉；对资本主义采用金本位制、银行券流通法则基础是金子流通法则等也作了说明。李达分析了货币流通与金融恐慌的关系，介绍了金融恐慌、交易所恐慌，批评了购买力平价说，揭示了贴现政策的根本目的，认为是各国用人工的办法破坏货币运动法则以引起通货膨胀和金本位制崩溃，世界本位货币恐慌是全部资本主义制度危机的结果。这些分析和认识是独到的、深刻的，当然也是科学的。

第五节　近代经济运动与中国近代经济史思想

李达所称的现代经济史之"现代"，是指李达当时所处的时代，在今天看来，是指中国近代史（为统一称谓，除专用名词外，下列统称为近代史）。李达立足于近代经济运动，致力于对中国近代经济史的考察，他的《中国产业革命概观》等著作，以及中国现代经济史论文，都涉及中国近代经济史或近代经济运动。鉴于此前的产业经济学和政治经济学思想已对两部著作有过论述，以下重点解析相关论文以总结李达的中国近代经济史思想。

一、中国近代经济发展进程与经济史研究

理论研究以客观事物实际发展为依据，通过揭示现象，发现规律，为人们生产和生活服务。李达研究中国近代经济史，与中国近代经济发展历程相联系，包括帝国主义侵入前的中国经济状况和帝国主义侵入后的中国经济概况。

1. 中国近代经济发展进程

李达的中国现代经济史是指中国近代经济发展史，它是 1840 年鸦片战争之后的中国经济发展史。他有关中国近代经济史的两篇长论文即《中国现代经济史之序幕》和《中国现代经济史概观》，是指帝国主义入侵前后中国经济的发展概况。其中，中国近代经济史"序幕"，是指资本—帝国主义侵入前的中国经济发展状况；中国近代经济史"概观"，则是资本—帝国主义侵入后的中国经济发展概况。

中国现代经济史"序幕"即帝国主义侵入前的中国经济是怎样的呢？根据历史记录，帝国主义侵入前的中国经济是比较单一的封建社会经济，那时中国的资本主义经济虽有长足发展但始终未能占主导地位，社会上发挥主导作用的仍然是自给自足的封建经济。即使在帝国主义侵入后，中国封建经济仍保持着极强的顽固性，对外来经济具有极强的排斥性。这种顽固性和排斥性，可从英国最初试图通过贸易攫取中国财富，到最后经历各种失败后以至悍然发动侵略战争得以说明。那时的中英贸易，英国最初以其工业品与中国相交换，但遇到中国自给自足经济的顽强抵制。拿洋布换土布来说，英国人就无法打开中国市场，后来用印度棉花加工成棉布尝试与中国交易，此后英中贸易才有了一定的起色，但始终没有形成优势，而当鸦片也遭到中国禁止时，英国人便发动了战争。因此，中国近代经济史"序幕"，是指中国封建经济占主导，商品经济在帝国主义影响下有了畸形发展，社会上也还存在一些旧的经济形态。它们构成了中国近代经济史的前史或序幕。

中国近代经济史"概观"即帝国主义侵入后中国经济又是什么样子呢？根据各种版本的描述，帝国主义侵入使中国相对单一的封建经济状态被打破，自给自足的小农经济开始变成殖民地或半殖民地经济，但封建经济具有很强的顽

固性，是中国社会长期迟滞发展的最主要原因之一；帝国主义侵入使中国相对独立的民族资本主义发展历史被中断，初步发展的资本主义经济被迫纳入帝国主义的殖民体系，中国资产阶级受着帝国主义和封建主义双重压迫，因而呈现出两面性：既想反帝反封，但又怕反帝反封；中国传统的农业、手工业和商业都不同程度地受到了帝国主义经济冲击，开始向中国近代社会经济转化。

2. 李达对中国近代经济史的研究

李达对中国近代经济史的探索，早期主要体现在《中国产业革命概观》中，关注中国产业革命过程；20 世纪 30 年代主要体现在《经济学大纲》中，重视对中国近代经济发展进程的概括；最为集中体现在《中国现代经济史之序幕》《中国现代经济史概观》中，专门对中国近代经济发展过程进行了研究；20 世纪 40 年代的《中国社会发展迟滞的原因》，也对中国近代经济史进行了概括。

1935 年 5 月和 9 月分别发表的《中国现代经济史之序幕》和《中国现代经济史概观》两论文，反映了以鸦片战争为标志的帝国主义侵入前后的中国经济发展史，内容上比较接近中国近代经济实际发展状况和中国经济真实发展进程。这是李达在北平从事经济学教学与研究期间专门论及中国近代经济史的成果，也是他已在撰写但未完成的《中国现代经济史》一部分，显示了李达对中国近代经济史进程的把握。李达以帝国主义侵入为标志，将中国近代经济史分为帝国主义侵入前的封建经济和资本主义经济发展史、帝国主义侵入后半殖民地半封建社会性质的经济发展史。这种划分符合中国近代经济发展的内在逻辑进程，其中，"序幕"可视为"概观"的前史或前提，"序幕"既讲到中国近代经济史开端之前状态，即占主导地位的封建经济和初步发展的资本主义经济，也顾及了中国近代经济史由来；"概观"是对中国近代经济史的整体把握，重点是帝国主义侵入后中国近代经济的发展变化史。在此基础上，李达又将各个阶段进行细分。这样，李达的中国近代经济史分期就比较明确，层次非常清楚，便于人们理解中国近代经济史的发展概况。

作为《中国现代经济史》的前史，《中国现代经济史之序幕》首先探求了帝国主义侵入前中国经济的性质，重点介绍了中国封建社会经济特征，向前延伸介绍了近代期以前具体的中国经济发展过程，使人们能够对中国近代经济史开端之前的中国经济历史和现状有一个比较清晰的认识。作为《中国现代经济史》的总括，《中国现代经济史概观》在李达中国近代经济思想史中占有特殊重要位置，因为它要从整体上对中国近代经济史进行把握，人们要了解李达未完成的《中国现代经济史》，最快捷的就是阅读这篇文献。不过，令人遗憾的是，李达文中只留下了中国半殖民地半封建社会的前两个过程，第三过程即

"自 1915 年起至现在为止"，永远地停留在"待续"了。所以人们对李达近代经济史思想的了解，也只有靠此文对前两个过程的介绍了。这样，"概观"虽没有后续，但通过它从整体上对近代经济史的介绍，我们也可以对李达中国近代经济史思想有一个基本把握。

此外，最初作为熊得山遗著《中国社会经济史》的代序，于 20 世纪 40 年代公开发表的《中国社会发展迟滞的原因》，在分析中国社会发展迟滞的八大原因之前，李达也对西周以来至鸦片战争，长达三千年的中国封建经济的发展过程进行了缩写。其中直击到中国近代经济史序幕，"清代自康熙年间起，至鸦片战争之时止"[①]，对中国近代经济史的史前史作了最简洁的概括。

二、李达的中国近代经济史的主要内容和基本观点

由于抗战爆发等原因，李达原拟编写的《中国现代经济史》，最终只留下了两篇论文，它给我们今天完整理解李达近代经济史思想带来了困难。但通过这两篇论文，我们还是可以管窥李达中国近代经济史思想的脉络。

1. 《中国现代经济史之序幕》的体系结构和主要内容

"序幕"将中国近代经济史分为两部分：第一部分帝国主义侵入前中国经济之性质，第二部分帝国主义侵入后中国经济之变动。李达还对每一部分又做了进一步的细分，具体如下：

第一，帝国主义侵入前的中国经济性质。李达研究认定，"当时的中国经济仍属于封建经济的范畴"[②]。他由此展开了对中国封建经济及其相关问题研究。一是封建经济特征。李达认为，要说明封建经济性质，必须得从封建生产方法与生产关系中去探求，而封建经济又表现为自然经济，农业生产者将必要的生产物留在他们自己手中，作为再生产的前提条件；那剩余生产物流入土地所有者手中，采取实物地租形态。封建秩序下农民过着自给自足的生活，地主以劳役地租、实物地租和货币地租形式直接从农业生产者身上剥削剩余劳动。由此也可说明，都市及其手工业、商业，以及商业资本在封建经济上所起的作用。二是现代期以前具体的中国经济过程。在李达看来，中国经济发展"在其封建的生产关系的表现上，是由劳役地租的形态转变为实物地租的形态的"[③]。他据此认为，西周到春秋时代的农奴制经济，主要是劳役地租与实物地租杂然并存

---

①　李达：《中国社会发展迟滞的原因》，载《李达全集》第 15 卷，人民出版社 2016 年版，第 138 页。

②　李达：《中国现代经济史之序幕》，载《李达全集》第 10 卷，人民出版社 2016 年版，第 309 页。

③　李达：《中国现代经济史之序幕》，载《李达全集》第 10 卷，人民出版社 2016 年版，第 311 页。

但劳役地租占主要地位；到了春秋时代，地租开始由劳役地租转变到实物地租。三是中国商业资本在封建经济中所起的作用。李达指出，中国商业发生很早，在商代就有记载，周代更加发达，春秋时期出现了不少有名的商业资本家，商业资本自秦汉以来确有过"优势的发达"，但不曾有过"独立的发达"地位。四是从清初到鸦片战争期间的中国经济概况。李达认为，这一期间生产方法和生产关系仍是封建的，但发展较以前确实快多了，这时经济发展趋势：农村经济已由自然经济转向单纯的商品经济，都市手工业经济已是单纯的商品经济。五是这一时期商业状况。李达指出，当时商业是很发达的，无论是商品品种，还是繁盛都市，都达到较高程度。李达还考察了当时中国外贸和外资的逼攻，指出已出现商业资本和高利贷资本两种原始蓄积，形成了产业资本诸前提。总起来看，李达认为中国经济在 19 世纪 30—40 年代仍属于封建经济范畴，但又被迫踏入半殖民地化过程。

第二，资本—帝国主义入侵与中国经济社会变化。一是资本—帝国主义入侵。李达认为，自 16 世纪以来欧洲就已经进入资本主义时代，"在近世商业发达的过程中，欧洲各国在印度航路通行，美洲大陆发现以后，尝到了海外殖民的甜味，所以他们都一致努力向海外去搜集领土，当他们来到中国要求通商时，差不多已经是把非洲、澳洲、南美洲及半个亚洲瓜分好了"[1]。资本—帝国主义侵入后给殖民地人民带来的灾难，在中国同样存在，"他们之来到中国要求通商，无非是想试用其掠夺殖民地的手段，所以他们初来中国之时，常用对待殖民地的态度对待中国人"[2]。葡萄牙、西班牙、荷兰、英国、俄国等国侵入中国时都是如此。"欧洲各国之对于中国，最初就是抱着使中国殖民地化的野心"[3]。最先侵入中国的是英国，但英国在中英贸易中直到 19 世纪初一直处于不利地位，19 世纪英国产业革命已将次第完成，"重工业和交通机关的发展，更引起了资本主义向海外的发展，在世界殖民地已将完全分割的当时，必然要向中国抛出商品并采集原料"[4]。同时，英国经历了三次大恐慌，"英国资产阶级为谋自己的出路计，不能不利用新式军舰和新式战斗技术，护送那些满装商品的轮船向中国进攻，以实现其多年来想使中国殖民地化的野心"[5]。二是鸦片战争爆发。李达分析认为，鸦片战争是英帝国主义为获得抛出商品、采集原料和投出资本的殖民地而征服中国的战争，也是清政府为反抗输入毒药（鸦片）而防止

① 李达：《中国现代经济史之序幕》，载《李达全集》第 10 卷，人民出版社 2016 年版，第 321 页。
② 李达：《中国现代经济史之序幕》，载《李达全集》第 10 卷，人民出版社 2016 年版，第 321 页。
③ 李达：《中国现代经济史之序幕》，载《李达全集》第 10 卷，人民出版社 2016 年版，第 322 页。
④ 李达：《中国现代经济史之序幕》，载《李达全集》第 10 卷，人民出版社 2016 年版，第 323 页。
⑤ 李达：《中国现代经济史之序幕》，载《李达全集》第 10 卷，人民出版社 2016 年版，第 323 页。

利权外溢的战争。中国的闭关主义及强大文化也使初到中国的欧洲人只能要求和平通商，但中国限制通商区域，使外商最感苦痛，尤以英国商人为重，以致两国绝交而陷于战争状态；鸦片的毒害可以亡国灭种，中国政府和有识之士绝不能忍受，最终导致战争爆发，但鸦片战争以中国的失败而告终，英国强迫中国签订了不平等条约，攫取了割地、赔款、开放通商口岸和销售商品等权利，其他的帝国主义尾随其后，进行效仿，中国此前限制贸易仅在某些地区的局面被打破，从此开始了半殖民化的进程。

2. 《中国现代经济史概观》的体系结构和主要内容

"概观"将中国近代经济史分为三个发展时期：第一期自 1842 年起至 1880 年止，第二期自 1881 年起至 1914 年止，第三期自 1915 年起至论文写就的年代止，但论文最终只介绍了前两个部分。李达又将每一期细分为三个过程，具体如下：

第一，中国近代经济史第一期（1842—1880 年）。这一时期的三个过程：一是国际帝国主义在中国奠定侵略的根据的过程。自英帝国用武力侵入中国以后，其他各国均蜂拥而来，胁迫清政府签订了许多不平等条约，1881 年以前的条约使中国蒙受巨大损失，如领土和主权的丧失、赔款的支出等，造成了帝国主义在中国境内实行经济的政治的文化的侵略根据。二是封建势力反抗侵入的资本主义过程。鸦片战争初败后，中国仍是"百足之虫，死而不僵"，封建势力有时还会企图反抗。这种封建势力的顽固性有其历史的社会的根源，即中国封建经济的根深蒂固性、顽固的封建君主专政、支配数千年的儒家意识形态学说。中国当时推行的闭关主义也有其经济根源，那时候"中国的经济虽是封建的，但与那些环绕于中国的周围的许多落后民族的经济比较起来，却已经走到了它们的前面"，正所谓"天朝物产丰盈，无所不有"，"基于经济生活的进步，而一切其他的文化，也确实进到其他落后诸民族之前"[①]。所以，那时国人自称为"天朝"或"上国"，对外摆出"唯我独尊""夜郎自大"态度，称外人为"夷狄"，对外政策上采"闭关主义"或"排外主义"。《南京条约》的签订，清廷意识到"门户洞开""引狼入室"，更觉得有损"天朝""上国"尊严，但旧官僚只知盲动，不择手段，号召人民排外，"杀洋鬼子发洋财"，产生了"扶清灭洋"心理；新官僚却主张采新武力，发动洋务运动，举办近代军工企业以求军备。这些表明中国仍处于反抗期。三是民族资本主义产业发生过程。举办军工企业是新式工业，也是民族资本工业发生期。李达从资本主义前提出发分析认为，从当时出入口贸易增加趋势看，中国的商品市场是扩大了；中国进口

---

① 李达：《中国现代经济史概观》，载《李达全集》第 10 卷，人民出版社 2016 年版，第 331 页。

商品以机制商品占大部分，出口的茶丝、瓷器、皮革皮货等商品数量较侵入前增加；中国商业资本隶属于资本主义诸国资本的流通过程；帝国主义入侵，促进了买办资本兴起，但隶属于外国资本；商人资本也在入侵后逐渐隶属于外国产业资本；票号及钱庄资本快速发展，但也隶属于外国银行资本；商业资本原本靠贱买贵卖所得，而入侵后就隶属于国际资本支配；商业资本参加生产过程，转变成为产业资本；破产手工工人和失业农民加入了资本主义生产的"自由劳动者大军"。正是如此，所以称之为"民族工业的发生期"。

第二，中国近代经济史第二期（1881—1914 年）。这一时期也细分为三个过程：李达认为，从 1881 年起至 1914 年，是国际资本主义进到帝国主义时代。一是国际帝国主义侵华过程。这个时期，帝国主义对中国的侵略主要是加紧其政治控制并大量输出资本。政治控制，主要表现在中国领土主权被霸占；输出资本，表现在帝国主义在华投资和合办事业投资上，导致中国的财富被攫取。二是封建势力投降于资本主义过程。由于封建势力的顽固性，不注意新式产业，反而极力加以阻碍。伴随兴办近代军事工业，近代民用工业也加盟其中。帝国主义发动的系列战争，使封建势力完全失去抵抗能力而死心塌地投降。三是商业资本转变为产业资本过程。当时，官督商办或官商合办的新式企业中都有商人股本在内。1894 年甲午海战失败，一时"兵战不如商战"舆论甚嚣尘上，加之马关条约，外国人取得工业投资权之后，纷纷在中国开设各种工厂。1900 年八国联军侵华战争的败北，中国半殖民地化程度更进一步加深，清政府为救济财政破产而借入无数外债，不惜出卖中国。人民痛感革命之必要，民族资产阶级如梦初醒，开始急起直追地发动挽回权利的运动，如收回铁路、举办新式产业等。辛亥革命之后，中国面目稍有改观，有了"开发实业以救中国"的共同理念，革命政府也确定了铁路国有原则，订立了建设铁路计划，并设置实业部，制定相关奖励制度等，以期促进工商业发展。民族资产阶级自觉奋起举办新式工业。这一阶段国际资本主义进入帝国主义时期，他们在中国抛售商品、采集原料、输出资本，也诱导了中国民族资本的发生和成立，中国旧式手工业农业生产逐渐倾向于原料而不得不仰赖于国际市场，封建关系受到相当破坏，但在帝国主义支配之下，仍在顽固地努力挣扎。

第三，中国近代经济史第三期（1915 年以后）。《中国现代经济史概况》至此结束，虽然李达在文尾标有"待续"，但已成永恒。如果按李达表达的文意和行文风格，假如没有缺失，此部分应该也是三个过程，会有更详细的资料，只可惜文稿到此为止，成为永久的学术遗憾。但通过文中的观点，读者也能感到李达运用马克思主义基本原理，结合中国经济发展进程，运用能够搜集到的资料，对中国近代经济史做的精细解析，为人们勾勒出一幅中国近代经济发展的画卷，也为读者提供了研究中国近代经济史的方法。

　　总之，李达通过分析帝国主义侵入前后中国近代经济发展过程，集中反映了李达探索中国近代经济史的成就，也是其经济学思想的重要组成部分。李达通过揭示帝国主义侵入前后中国近代经济发展变化，集中回应了帝国主义侵入前中国社会性质、社会史问题的论争，澄清了大革命失败后的迷茫和困惑，为解决中国革命性质与任务、中国革命前途等重大问题指明了方向。李达通过揭示中国近代经济发展过程，分析了中国近代经济史贯穿的帝国主义侵入、封建主义反抗到顺从、民族资本主义发展三条主线。李达通过具体解析中国近代经济史分期及过程，为人们从动态角度去观察中国近代经济史提供了方法论指导。李达以唯物史观历史大视野去审视近代经济发展历程，是对中国近代经济史的探索，也是马克思主义经济学中国化的深入发展，深化了马克思主义中国化研究。与同时代理论家相比，李达对中国近代经济史的探索，具有拓荒性的学术贡献。

第六节　社会发展阶段理论与共产主义两阶段经济学思想

　　唯物史观揭示了人类社会发展规律，也提出了人类社会发展阶段理论。根据发展方式和发展水平，共产主义社会可以细分为两个发展阶段。对应共产主义两阶段理论，李达经济学思想也可称之为社会主义和共产主义经济学思想。

一、社会发展阶段理论

　　马克思主义唯物史观关于社会发展阶段理论，根据生产力与生产关系相统一原理，特别是生产关系的不同性质，从马克思提出社会形态演进构想，到恩格斯提出与列宁主张的"五种社会形态说"，到斯大林确认的"五种社会形态理论"，人类社会发展的社会形态理论日益丰富和完善。马克思主义主要创立者们认为，共产主义发展阶段又可细分为社会主义和共产主义两个阶段。

　　1. 五种社会形态理论与李达社会发展阶段思想

　　关于人类社会形态演进，马克思主义创立者们都提出过类似的思想。马克思、恩格斯曾在《德意志意识形态》中指出，"历史不外是各个世代的依次交替"[①]。马克思在《〈政治经济学批判〉导言》中提出，"大体来说，……可以

---

　　①　马克思、恩格斯：《德意志意识形态》，载《马克思恩格斯选集》第1卷，人民出版社1995年6月第2版，第88页。

看作是经济的社会形态演进的几个时代"①，这是马克思社会发展阶段的设想。恩格斯在《家庭、私有制和国家的起源》中也肯定了人类社会发展的五个阶段。列宁认同人类社会发展阶段理论，1919 年他在《论国家》演讲中，从分析国家产生角度，顺次分析了原始社会、奴隶社会、封建制社会、资本主义社会和社会主义社会等几种社会形态，事实上认可了人类社会发展顺序。真正明确提出五种社会形态理论的是斯大林，他在 1938 年的《联共（布）党史简明教程》中撰有"论辩证唯物主义和历史唯物主义"一章，其中提出社会发展史"历史上有五种基本类型的生产关系：原始公社制的，奴隶制占有制的，封建制的，资本主义的，社会主义的"②。至此，人类社会"五种社会形态理论"正式形成。由于苏联当年对中国的特殊影响，唯物史观关于人类社会发展的"五种社会形态理论"开始为我国普遍所接受。

李达的社会发展阶段思想源于唯物史观，认同"五种社会形态理论"。他在《经济学大纲》中肯定了人类社会要依次经过五种形态，也认识到当时已是资本主义占主导、社会主义革命来临的时代，中国处于帝国主义侵略、日益沦为半殖民地半封建社会状态。他还认为人类社会发展过程是不断进化的过程，此过程主要体现为社会经济形态更替。他指出，人类历史上"出现了五种生产关系的体系，即五种经济构造的形态"③，也就是说李达认定了人类社会有五种经济形态。

李达关于人类社会发展五阶段理论，在其著述中有多处体现。1935 年版的《社会学大纲》第七章"经济构造之历史的形态"，李达将经济构造分成现代社会以前的各种社会经济构造、资本主义经济构造两个部分介绍，而现代社会以前的各种社会经济构造，又细分为原始社会、奴隶社会、封建社会、现代社会和过渡期的社会经济构造。1937 年版的《社会学大纲》第二章"社会的经济构造之历史形态"，李达依次介绍了五种社会经济构造。1935 年版的《经济学大纲》，李达顺次介绍了共产主义以前的四种社会经济形态。1935 年版的《社会进化史》，李达从社会进化角度分别介绍了各种社会社会形态下的有关诸国情况。1950 年版的《社会发展史》，李达从原始共产主义到社会主义社会与新民主主义社会，顺次介绍了人类社会经济构造与社会发展过程。可见，马克思主义社会发展阶段理论在李达著述中有着广泛的应用。

---

① 马克思、恩格斯：《〈政治经济学批判〉导言》，载《马克思恩格斯选集》第 2 卷，人民出版社 1995 年 6 月第 2 版，第 33 页。

② 斯大林：《论辩证唯物主义和历史唯物主义》，载《联共（布）党史简明教程》，人民出版社 1975 年版：137。

③ 李达：《经济学大纲》，载《李达全集》第 10 卷，人民出版社 2016 年版，第 9 页。

2. 共产主义两阶段理论与李达共产主义两阶段思想

根据唯物史观社会发展阶段理论，马克思主义创立者们又对资本主义和共产主义两种社会制度发展阶段都进行了两个阶段的细分。其中，共产主义两阶段，即人们通常说的社会主义社会和狭义的共产主义社会。

社会主义和共产主义到底是什么呢？马克思、列宁都进行了探索。1875年，马克思在《哥达纲领批判》中将共产主义又分为两个阶段，只不过二者不同的是，一个是在自己基础上发展起来的，一个是从资本主义社会里刚刚产生起来的。1917年，列宁在《国家与革命》中认为，马克思把"社会主义称作共产主义社会的'第一'阶段"[1]。由此可见，他们都是把共产主义分为两个阶段，都承认两个阶段之间既有联系，又有差别。

李达的共产主义两阶段思想源于马克思主义。李达早年以社会革命为己任，致力于社会主义宣传和研究，而后又投身于马克思主义理论教学与研究，从多个方面探索中国革命理论。新中国成立以后，李达又结合中国社会主义革命和建设实际，极为关注共产主义两阶段理论。他认为，社会主义和共产主义有诸多区别与联系。主要联系表现在：都是公有制，无阶级对立、无剥削、无压迫，所有社会成员都是劳动者，劳动最光荣，国民经济有计划按比例发展，生产为满足需要，工农业生产和科学文化教育事业发达，劳动者生活幸福等。主要区别表现在：社会主义生产力水平不是很高、产品不是很丰富，而共产主义生产力和劳动效率极高、产品极丰富；社会主义存在集体所有制和全民所有制，继续保留和发展商品经济，而共产主义实现全民所有制，不再需要商品生产和商品交换；社会主义阶段还存在工农、城乡、脑力体力之间的差别，而共产主义则消除了三大差别；社会主义采取"按劳分配"原则，而共产主义则实现"按需分配"；社会主义国家尚未消亡，共产主义国家对内职能消亡，只剩对外职能；社会主义经济战线取得决定性胜利，但政治和思想战线仍存在两条路线斗争，而共产主义社会的人们道德高尚；社会主义科学文化有很大发展但整体水平不高，共产主义全民教育普及、人人都是大学生，各方面人才辈出。李达强调，共产主义两阶段是同一种经济形态的两个不同阶段，其间存在着过渡期，但他认为办好人民公社是我国过渡到共产主义的关键，还进一步把社会主义细分为低级与高级两个阶段。

二、李达共产主义两阶段经济思想的主要内容与基本观点

李达直接论述共产主义经济两阶段的思想不是很多且较分散，它们相对集

---

[1] 《列宁全集》第25卷，人民出版社1958年版，第457页。

中的观点主要体现在《关于我国由社会主义过渡到共产主义的问题》《共产主义社会的两个阶段》《论共产主义道德》，以及"历史唯物主义讲座"中的《由民主革命到社会主义革命》《从社会主义到共产主义》等文中。

1. 李达的社会主义经济学思想

李达高度关注社会主义，他从早年宣传社会主义，到后来关注社会主义革命和社会主义建设，在整个过程中时有有关社会主义经济学一类思想的文章发表。但经过半个多世纪的时空跨度，李达对社会主义经济的关注和认识，也在不断发生着变化。

第一，早年宣传社会主义时期的社会主义经济学思想。李达最早发表的文章，是他在日本撰写并转回国内发表的《什么叫社会主义》《社会主义的目的》，这也是他最早论述社会主义经济的文章。李达认为，社会主义反对个人竞争主义、资本万能主义、个人独占主义，主张万人协同主义、劳动万能主义、社会公有主义[1]。社会主义的目的"就是救济经济上不平均的主义"[2]。李达在《劳动者与社会主义》一文中也指出，社会主义是解决劳动问题的"最大的根本解决办法"[3]。李达在20世纪20年代的社会主义大论战中，也连续发表文章，论及社会主义经济思想。如：针对资产阶级改良主义对社会主义的歪曲，1921年李达发表的《讨论社会主义并质梁任公》认为，中国"是万国的商场，是各资本主义竞争的焦点，是万国大战争的战场"[4]，所以在中国发展资本主义恐怕是糟糕至极的。他主张中国必然走社会主义道路，"最好莫如采用社会主义"[5]。李达还对社会主义所有制结构进行过初步描述，对社会主义分配原则做了分析，指出社会主义阶段实行各取所需分配原则还是行不通的。

第二，20世纪20—30年代的社会主义经济学思想。此一时期，是李达主要从事马克思主义社会学（哲学）、经济学、社会史的教学和研究，也是其经济学成果迭出时期。他的《社会学大纲》就对社会主义过渡期经济特征进行了探讨。李达认为，过渡期经济既不是资本主义，也不完全是社会主义，它的最大特征是"社会主义要素对于资本主义要素的克服"[6]。李达以苏俄的战时共产

① 李达：《什么叫社会主义》，载《李达全集》第1卷，人民出版社2016年版，第1页。
② 李达：《社会主义的目的》，载《李达全集》第1卷，人民出版社2016年版，第3页。
③ 李达：《劳动者与社会主义》，载《李达全集》第1卷，人民出版社2016年版，第37页。
④ 李达：《讨论社会主义并质梁任公》，载《李达全集》第1卷，人民出版社2016年版，第384页。
⑤ 李达：《讨论社会主义并质梁任公》，载《李达全集》第1卷，人民出版社2016年版，第383页。
⑥ 李达：《社会学大纲》，载《李达全集》第12卷，人民出版社2016年版，第338-339页。

主义政策、新经济政策为例，指出："计划就是过渡期经济的根本运动法则。"①他分析了过渡期的经济发展，强调不能抽象地普遍地考察过渡期经济及其发展。他分析了苏联新经济政策，并以苏联"一五"计划为例，指出改造期的新任务是社会主义工业化，过渡期是社会主义生长的发展期，不是和社会主义时代绝对隔离时代，指出苏联过渡期完成了社会主义经济基础建设，使社会主义制度处于主导形态。他还提出了社会主义经济本质和建设前提条件理论，认为社会主义经济建设前提条件在于生产的机械化与国民经济技术改造，失业消灭，劳动支付变化，生产过程正确组织和企业劳动力正当分配与各劳动者对于自己应做的劳动严格负责等。李达对社会主义经济的将来进行了推想，并将社会主义细分为初级阶段和高级阶段，指出低级的社会主义阶段，社会新组织中还遗留着旧社会残存物，即他承认在低级社会主义阶段会出现一些弊端是不可避免的现象。

　　第三，新中国成立之后的社会主义经济学思想。此一阶段，李达主要精力在从事高等教育（如改造旧湖大、建设新武大），学术重心转移到哲学（如解说"两论"、编写《马克思主义哲学大纲》）和法学（如宣传宪法），无暇再专门研究经济学，所以他的经济学思想比较零散地见诸报告、论文等各种论述中。一是站在唯物史观立场审视社会主义革命和建设。他在"历史唯物主义讲座"中指出，学习历史唯物主义的目的是为世界共产主义事业服务，是为社会主义革命和社会主义建设服务，"无产阶级及其政党只有正确运用这个武器，通晓社会发展的规律，通晓社会经济的发展规律，才能胜利地实现社会主义革命和社会主义建设的历史任务"②。二是认可马克思主义过渡期理论和五种经济成分论。李达认为社会主义革命与历史上其他一切革命有着原则性区别，要完成这个革命，"就需要经历一个对整个国民经济实行社会主义改造、并建立起社会主义的物质基础的历史时期"③。他认可恢复阶段结束以后我国社会就出现了五种经济成分④并存的局面。三是归纳了社会主义经济特征并概括其卓越性。李达认为，社会主义经济制度是历史上空前的产物。他以苏联经济为例，归纳出社会主义有六大特征⑤：政权属于人民；生产工具和生产资料变为社会公有；生产发展服从有计划的社会主义领导原则；国民收入分配是为增加人民财富、

---

　　①　李达：《社会学大纲》，载《李达全集》第12卷，人民出版社2016年版，第342页。

　　②　李达：《历史唯物主义讲座》，载《李达全集》第19卷，人民出版社2016年版，第85页。

　　③　李达：《历史唯物主义讲座》，载《李达全集》第19卷，人民出版社2016年版，第289页。

　　④　五种经济成分是指国营经济、合作社经济、私人资本主义经济、农民和手工业者的个体经济及国家资本主义经济。

　　⑤　李达：《社会发展史》，载《李达全集》第16卷，人民出版社2016年版，第154-156页。

系统提高劳动群众物质和文化生活水准、扩大社会主义生产、巩固国家威力；系统改善人民的物质状况，不断提高人民需要、购买力等成为扩大社会主义生产取之不尽、用之不竭的源泉；劳动者已摆脱剥削，做工是为自己和国家。苏联经济特征表现出更高的生产力、重工业飞跃发展、高度的国防性等卓越性。四是高度重视经济规律作用并提出一系列社会主义经济规律思想。李达认为资本主义和社会主义经济各受其基本经济法则支配。五是对社会主义三大改造进行充分阐述。关于农业改造，重点论述应遵循的步骤，即互助组、初级社、高级社和人民公社；关于手工业改造，重点论述了手工业合作化形式，即生产小组、供销社、合作社；关于资本主义工商业改造，赞同马克思主义经典作家提出的和平改造政策。他还将国家资本主义分为低级形式的国家资本主义（包括收购、经销和批购零销）、中级形式的国家资本主义（包括加工、订货、统购、包销）和高级形式的国家资本主义（公私合营）。六是充分肯定社会主义建设总路线①。李达认为，总路线是唯一正确路线，如果离开了就要犯这样那样的错误，因为它是社会主义经济建设规律的反映。他认为"鼓足干劲，力争上游"口号生动概括了亿万人民对于高速度发展社会主义建设事业的热烈愿望，多快好省概括地反映了社会主义基本经济规律及其他经济规律。为了实现多快好省总要求，李达主张要规定各项具体的方针政策，即工农业同进并举方针、轻重工业同时并举方针、以钢为纲和全面跃进方针、中央地方工业同进并举方针、大中小型企业同进并举方针、土法洋法生产同进并举方针及集中领导与大搞群众运动相结合的方针②，等等。

2. 李达的共产主义经济学思想

李达的共产主义经济学思想与其社会主义经济学思想密切相关，二者既有区别也有联系。它们同为一种社会形态的两个阶段，但发展程度不同。社会主义向共产主义过渡既是一个过程，也需要一定的条件。李达对实现共产主义经济持有乐观态度，但也对背离共产主义经济规律进行过坚决抵制。

第一，李达共产主义经济学思想基本特点。李达在《共产主义社会的两个阶段》中，通过比较共产主义两个阶段，概括了共产主义经济基本特点。一是在生产方式上，共产主义建立在生产资料公有制基础之上，是没有剥削、没有压迫的生产；二是在生产过程中，共产主义国民经济实行有计划按比例发展，生产目的是为最大限度满足社会需要；三是在社会生产上，共产主义公有制经济实现了全民所有制，不再需要商品生产和商品交换；四是在生产力发展水平

---

① 社会主义总路线内容：鼓足干劲、力争上游、多快好省地建设社会主义。
② 李达：《历史唯物主义讲座》，载《李达全集》第19卷，人民出版社2016年版，第328—333页。

上，共产主义生产力极高，产品极大丰富，劳动时间将大为缩短，其余时间可以用来进行科学研究和文化娱乐活动；五是在分配制度上，社会产品极大丰富，实行各尽所能、按需分配原则，人们没有生活水平差异，劳动不再是谋生手段，而成为生活第一需要；六是在阶级关系上，旧社会遗留下来的不合理"分工"消灭，工农之间、城乡之间、脑力和体力劳动之间对立消失，共产主义是无阶级社会，资产阶级法权残余消灭；七是在国家职能上，人们学会管理生产，认识到遵守公共生活规则的必要性，旧社会留下的剥削阶级分子也已被群众监督起来，国家对内职能因为消失而自动灭亡，再看不到"资产阶级式国家"和专门担任公职的"干部"，但外国侵略的可能性没有消失，因而国家对外职能还没有消亡；八是在意识形态上，人们头脑中残存的资产阶级法权观念消灭了，共产主义美德将成为社会成员的自觉行动；九是在教育科学文化上，普及了全民教育，科学文化艺术空前繁荣。

第二，李达关于共产主义过渡的思想。李达认同共产主义过渡思想，他认为"从社会主义向共产主义过渡是逐步的"[1]，他还认为人民公社是逐步向共产主义过渡的最好组织形式，因为可以为过渡准备必要的条件。而办好人民公社的条件是：大规模地进行共产主义思想教育，有计划地发展生产，逐步改善人民生活。在如何开展共产主义经济建设和实现共产主义的问题上，李达乐观地指出，共产主义在我国的实现"已经不是什么遥远将来的事了"[2]。李达在多个场合表达了他对实现共产主义的信心，并初步提出了一些如何建设共产主义经济的构想。

第三，李达对偏离共产主义经济建设理论与实践的抵制和批评。在社会主义总路线指引下，1958年的"左"倾错误开始泛滥，李达觉察之后就开始了抵制和尖锐批评。他强调坚决不能把共产主义两个阶段混为一谈，他认为目前生产力水平比较低的情况下消费品分配还必须适应按劳分配原则。商品生产和交换，不但不能取消，而且要继续发展。他反对降低共产主义标准，助长平均主义倾向。李达坚决维护共产主义经济建设规律的思想，集中体现在他与毛泽东关于"人有多大胆，地有多大产"的争论上。他们的争论表面是因经济建设而起，深层次涉及哲学认识论问题。他不畏权威，不讲情面，坚决捍卫真理，实质是对共产主义两个阶段经济建设规律的坚持。

---

① 李达：《正确认识由社会主义向共产主义过渡的问题》，载《李达全集》第19卷，人民出版社2016年版，第7页。

② 李达：《正确认识由社会主义向共产主义过渡的问题》，载《李达全集》第19卷，人民出版社2016年版，第6页。

总体来看，李达的共产主义两阶段的经济思想，从早年宣传社会主义到晚年继续关注社会主义和共产主义经济建设，横跨新民主主义革命、社会主义革命和社会主义建设几个阶段，持续时间近半个世纪之久，虽时间跨越青年到晚年，但脉络是清楚的、内容是丰富的，既一以贯之，又随时代有变。他的相关思想体现在一系列著述中，反映在李达早年宣传社会主义时期，通过批判坚决捍卫马克思主义经济学立场；中年独立研究经济学时期，通过著述系统阐述社会主义和共产主义经济观点；晚年关心社会主义经济建设时期，通过阐明关系探索共产主义的两阶段经济规律和基本特征。李达有关共产主义两个阶段的经济文献的发表，是在我国完成社会主义革命、开始大规模经济建设阶段，国际国内出现混乱局面、人们遭遇经济建设理论与实践困惑时期，恰逢其时，功不可没。相关文献，针对"大跃进""人民公社运动""共产风""浮夸风""瞎指挥"问题，针对鼓吹取消商品生产与交换、跑步进入共产主义的谬论，阐明了社会主义与共产主义经济建设的区别与联系。这是他直面社会主义建设问题，对中国社会主义经济规律的独立探索。这些探索，成绩是卓越的，影响是深远的，但也受到时代限制，李达社会主义和共产主义经济建设思想也一度受到"大跃进"、人民公社运动等"左"倾思想影响，值得高兴的是，李达能够凭借着理论大师的功底，很快就开始了自觉抵制和尖锐批评，特别是反对降低共产主义标准，在此过程中，也很自然地阐述了他的相关经济思想，初步揭示了社会主义与共产主义经济规律。

第四章　李达经济学思想的基本特征、主要贡献与当代价值

李达经济学思想有着深厚的马克思主义学理基础，它深植于那个时代政治、经济和社会革命的历史进程之中，始终关注着中国命运、中国革命手段与前途、中国人民民生福祉。本章概括李达经济学思想的基本特点、主要贡献和当代意义。

第一节　李达经济学思想的基本特征

李达经济学思想围绕"中国向何处去"的时代任务，致力于中国社会革命和中国经济发展，形成了比较系统的经济学思想体系，有着独特个性和鲜明特征。

一、理论性

马克思主义理论博大精深，在内容上由马克思主义哲学、政治经济学和科学社会主义三大部分组成，其中，唯物史观、政治经济学又是马克思在哲学和经济学领域中的最伟大贡献，也是他一生中两个最伟大的发现。作为马克思主义理论大家，李达的学术成果普遍地具有厚实的理论根基。唯物史观视域下的李达经济学思想，毫无疑问也具有很强的理论性。

1. 李达经济学思想的哲学基础

哲学与经济学的关系反映了哲学与具体科学的关系，是一般与个别的关系。唯物史观作为马克思主义哲学的重要组成部分，以经济学为具体材料，反过来为经济学提供理论指导；经济学以唯物史观为理论基础，为唯物史观发展提供具体材料。经济学研究离不开唯物史观，唯物史观研究也必然涉及经济学。李达是马克思主义理论大家，他最早接触的就是唯物史观，后来又长期宣传、讲

授和研究唯物史观，直到晚年被迫害致死前都还在编写历史唯物主义教材。在此过程中，李达对唯物史观有着多向度的展开，其中的唯物史观经济学向度是他特别关注的方面。马克思主义唯物史观揭示了人类社会发展规律，在静态上它将社会划分为经济结构、政治结构和意识形态结构等三大结构，还可进一步归纳为经济基础和上层建筑；在动态上它指出人类社会发展过程依次经历了五种社会形态，其发展总趋势是前进的、上升的，是从低级向高级、从简单向复杂发展的自然历史过程。人类社会的结构和发展，体现了历史唯物论和历史辩证法。李达经济学思想是唯物史观视域下的经济学思想阐发，也是李达对唯物史观的经济学向度展开。因此，也可以说李达经济学思想是一朵开在马克思主义唯物史观上的花。

2. 李达经济学思想的经济学基础

马克思主义经济学既包括马克思、恩格斯的政治经济学，也包括列宁的帝国主义论、斯大林的资本主义垄断理论等所涉及的经济学内容，它们与李达经济学思想的关系是源与流的关系。马克思主义经济学是李达经济学思想形成的最直接来源。李达是马克思主义哲学家和经济学家，其经济学思想既立足于唯物史观，又源于马克思主义经济学理论，但又不局限于马克思主义经济学，他还结合时代发展和中国经济状况对马克思主义经济学作了创造性的发挥。在马克思主义经济学理论体系中，政治经济学对李达的影响最大，如劳动价值论、货币学理论、价值规律论、剩余价值论、资本理论、地租理论等，有的在李达经济学思想中得到直接转述或发挥或应用；列宁的帝国主义理论所揭示的五大经济特征对李达的影响次之，如李达有关中国近代经济史的研究，就客观反映了帝国主义侵华过程；斯大林的资本主义垄断理论，也在李达经济学研究中得到多处体现。这些表明，李达经济学思想是对马克思主义经济学理论的继承与发展。因此，也可以说李达经济学思想是一个结在马克思主义经济学理论体系上的果。

二、实践性

马克思主义哲学非常注重实践性，它强调理论联系实际，认为一切理论创建活动只有从实际出发才能指导中国革命和建设。李达在理论创造活动中特别注重联系中国经济社会发展实际，致力于推进马克思主义经济学中国化。李达经济学研究的实践性，突出地体现在两个方面：一是李达研究经济学的目的具有实践性，二是他的经济学研究实现了经济学理论与实践的结合。

1. 李达经济学研究目的的实践性

李达主张社会革命，但他与毛泽东等革命家相比，表面上似乎是纯粹的学者，而毛泽东是革命家兼理论家型的实践者，但李达也不是仅在书斋里做学问，而是紧密联系中国革命和建设的实际。具体到经济学研究，李达取广义经济学立场。李达认为采取广义经济学立场具有理论的和实践的双重意义，因为广义经济学"为了求得社会的实践的指导原理"，"为了经济上的实践"，才去研究经济学。李达的实践性研究目的，突出地体现在要求研究中国经济的态度上，"不是为了研究经济学才研究经济学"，"而是为要促进中国经济的发展才研究经济学"①。正是持有这样的立场，李达特别强调研究中国经济学，并严肃批评了不注重研究中国经济学的情况。可见，李达经济学研究具有强烈的实践目的性指向。

2. 李达经济学研究内容的实践性

李达经济学研究内容的实践性，体现为马克思主义经济学中国化。李达认为理论联系实际是最基本原则和最根本方法。他探索经济学，强调要立足于中国经济实践，实现马克思主义经济学理论与中国经济实践相结合。他开启了马克思主义经济学中国化，在多个经济学领域研究中都有丰硕的成果。具体而言，《现代社会学》是对中国经济进化的单独关照，《中国产业革命概观》是对中国产业革命意义、过程、现状和解决途径的论证，《经济学大纲》是对先资本主义和资本主义经济形态的重点考察，《货币学概论》是对资本主义货币理论和货币现象的全面分析，《社会进化史》《社会发展史》则是对各种社会形态的崩溃、发生、发展和更替的历史过程的介绍，中国现代经济史论文是对帝国主义侵入前后中国经济变化过程的描述，社会主义和共产主义相关论文对相应的经济发展作了具体比较等。这些成果都是李达经济学研究内容实践性的体现。

三、目的性

李达研究经济学具有非常明确的目的性。他早年从学习唯物史观转移到探究经济学，目的是为"干社会革命"找寻理论根基；20 世纪 30 年代李达将研究重心转移到经济学，目的是为了推动中国经济的发展；新中国成立以后李达还在继续关注经济学，目的是为了给新中国的人民找出一整套科学方法。李达学习经济学、探究和发展经济学，始终都有着明确的目的性。

---

① 李达：《〈经济学大纲〉绪论》，载《李达全集》第 13 卷，人民出版社 2016 年版，第 12—17 页。

1. 李达学习探究社会科学的目的性

李达学习探究唯物史观和社会科学的目的是为了中国社会革命。他当初放弃理科学习专攻马克思主义，是在努力尝试"教育救国""科学救国""实业救国"但又诸路不通的情况下，重新作出的重要选择，他坚信马克思主义是救国救民的真理，是变革社会的理论武器。李达学成归国仍是抱着"寻找同志干社会革命"的目的，参与了中国共产党的创建。再后来，在辗转奔波、危险艰难的日子里，李达继续译介马克思主义革命理论，著述并论证中国社会性质、中国革命前途，特别是"在任何情况下"都能坚持马克思主义信仰，支持中国社会革命，体现了一个真正的马克思主义者不忘初心、不改初衷的本色。李达从事理论活动本身就具有明确的社会革命目的，"其研究之目的在探求社会进化之原理"①。李达还在后来的重新入党自传中回忆，他当年脱党的原因之一就是感到党内理论准备不足。类似的观点，李达在其他著述中也有体现。经济学作为社会科学的一种，李达之所以要大力探究它的目的，就是出于社会革命的需要。

2. 李达研究经济学的目的性

李达研究的目的性非常明确，他认为，社会主义的目的"就是救济经济上不平均的主义"②。李达强调必须研究中国经济时说得更明白："不是为了研究经济学才研究经济学，而是为了促进中国经济的发展才研究经济学。"③他阐发广义经济学主张时也指出，"不仅是为了求得经济学的知识才去研究一切经济构造，而实在是为了求得社会的实践的指导原理才去研究它们"④。李达研究经济学的目的是为了给社会革命寻找理论支撑，他的经济学研究依据马克思主义基本原理，对某些经济问题进行了创造性发挥。

四、系统性

唯物辩证法联系的特征在李达经济学思想中也有很好体现。李达经济学思想既有专门的著述，也零散地夹杂在各种著作、论文、讲话和报告之中，这些内容在整体上形成了较为系统的经济学思想体系。李达经济学思想的系统性，突出地表现为整体上的系统性和不同经济领域的系统性。

1. 李达经济学思想体系整体上的系统性

古今中外，凡著书立说、自成一家者，皆有自己独特的思想体系。李达早

---

① 李达：《现代社会学》，载《李达全集》第4卷，人民出版社2016年版，第3页。
② 李达：《社会主义的目的》，载《李达全集》第1卷，人民出版社2016年版，第3页。
③ 李达：《经济学大纲》，载《李达全集》第13卷，人民出版社2016年版，第17页。
④ 李达：《经济学大纲》，载《李达全集》第13卷，人民出版社2016年版，第12页。

在 20 世纪 30 年代就被称为"著名的"马克思主义经济学家,自然也有一套自己的经济学思想体系。概括起来说,李达经济学思想体系,从横向看有包括产业经济学、政治经济学、货币经济学、经济史等各类部门经济学思想,从纵向看也有五种社会形态经济构造的经济学思想。此外,李达在学习和译介经济学过程中,还广泛吸收了人口经济学、关税经济学、土地经济学、农业经济学等方面的思想。他的这些经济思想体系,有的属于理论经济学范畴,有的属于应用经济学范畴,但它们从整体上形成了李达经济学思想体系。

2. 李达经济学思想不同经济领域的系统性

李达经济学思想的系统性不仅体现在内容的多方面上,而且还体现在探索多个不同经济领域,实则开辟了若干部门经济学上。从这个意义上说,李达是中国近代最早的马克思主义部门经济学的创始人之一。如:李达的产业经济学立足于中国产业革命,深入中国产业革命过程之中,对近代中国农业、手工业、资本主义商业发展过程进行了系统考察,揭示中国近代产业革命的发展过程,最后分析得出中国产业革命问题的解决方法。再如:他的政治经济学严格遵循了马克思主义政治经济学原理,是一个比较庞大的理论体系,但表述上又注重了中国人的语言风格和语言特点,内容上列举了近代中国经济社会发展史的案例,既揭示了马克思的商品、货币、资本及其运动、地租、恐慌、通货膨胀等理论,也吸收了列宁的帝国主义理论和斯大林的经济危机理论。再如李达的货币经济学根据马克思主义货币学理论,并结合中国经济社会实情,对货币的本质、机能、货币运动、银行、汇价及金融崩溃等理论进行了系统介绍,体现了货币学基本原理,涉及货币银行学的基本内容。李达的这些部门经济学,每类自成体系,这样就使李达经济学在整体上具有系统性,其内部也具有系统性。

五、整体性

整体性是马克思主义的鲜明特征,马克思主义整体性也要求认识世界和改造世界要有整体观,马克思主义整体观主张采用整体性方法和实现理论的完整性。李达坚持用马克思主义整体观研究经济学,是经济现象和经济规律本身整体性的客观需要,更是李达经济学思想研究方式的明显特征。

1. 李达经济学思想的整体性特征

人类社会本身是一个整体,历史上各种社会经济形态是一个整体,现实世界经济系统也是一个整体,资本主义经济、社会主义经济和中国经济都是一个整体。从整体上认识经济现象,是科学揭示客观经济规律的需要,也是正确解决经济问题本身的需要。正是由于客观事物的整体性,李达的经济学思想成果必然表现为整体性：因为人类社会经济系统本身是一个整体，李达不仅研究世界经济而且也研究中国经济，不仅研究经济的过去也研究经济的现在和未来；因为历史上的各种社会经济形态也是一个整体，李达根据人类社会发展"五种社会形态理论"，依次考察了各种社会形态的经济；因为世界经济是一个整体，李达不仅考察当时世界范围内的资本主义经济也考察当时的中国经济，特别是考察了当时占主导地位的资本主义社会经济，考察了社会主义经济和代表人类未来发展方向的共产主义社会经济；李达身为中国人，始终关注中国革命前途和中国人民命运，他对中国经济予以特别关注。李达用整体性思维去研究世界经济和中国经济，去研究经济的过去、现在和未来的方法，就是哲学上的世界观和方法论。他以唯物史观视野解析经济历史与现状，正是李达经济学思想整体性思维特征的表现。

2. 李达经济学著述的整体性特征

李达有关经济学思想的许多著述，都以"大纲""概观""概论"等来命名，反映了他试图把某类经济学思想整体地或概要式地介绍给大家。如：20世纪20年代末出版的《中国产业革命概观》从整体上考察了中国产业革命，《社会之基础知识》旨在普及包括经济学在内的一般社会学知识；20世纪30年代出版的《社会学大纲》从整体上对辩证唯物论和历史唯物论进行了介绍，《经济学大纲》把先资本主义、资本主义、社会主义的经济和中国经济作了介绍，《社会进化史》依照人类社会进化顺序对整个社会进化过程进行了解析，《货币学概论》则是依据马克思主义货币学理论而编写的新货币学理论，发表的两篇中国现代经济史论文从整体上介绍了鸦片战争以后中国近代经济发展过程；20世纪50年代出版的《社会发展史》依照社会发展顺序分析了各种社会形态的形成和演化过程。李达研究经济学具有的整体性特征，在他的其他学术领域研究中也有类似情况，如《法理学大纲》《唯物辩证法大纲》也都是以"大纲"的面孔呈世。显而易见，李达经济学著述的标题就是他的经济学整体性特征的明证。

第二节　李达经济学思想的主要贡献

判断一位学者的理论贡献，既要将其置于历史视野中，也要把它纳入现实范畴。李达是著名的马克思主义哲学家和经济学家，他唯物史观的经济学研究的学术成果非常丰富，理论贡献十分突出。其理论贡献主要体现在如下方面。

一、扩展了经济学研究对象和研究范围

唯物史观视域下的李达经济学思想，以社会经济构造为研究对象，主张广义经济学的研究范围。这些对象和范围，都是对马克思主义经济学研究对象和研究范围的继承和发展。

1. 李达对经济学研究对象的扩展

马克思主张，政治经济学以物质资料生产为研究出发点，以社会生产关系为研究对象，以揭示经济运行规律为根本任务，以资本主义生产关系和经济规律为主要研究范围。换一句话说，马克思政治经济学的研究出发点是物质资料生产，研究对象是人类社会生产关系，根本任务是揭示社会经济规律，研究范围主要是资本主义生产关系和生产规律。在马克思那里，作为政治经济学研究对象的生产关系，包括人们在社会生产劳动总过程中形成的生产关系、分配关系、交换关系、消费关系诸方面经济关系的总和，是在一定社会生产力状况基础之上的整个社会生产关系体系。马克思创立的唯物史观，将人类社会发展过程纳入了自己的研究范围，但由于时间和精力的限制，马克思的政治经济学只是重点揭示了资本主义生产关系和经济运动规律。马克思通过对资本主义生产关系产生、发展过程的研究，揭示了资本家剥削的秘密和本质、生产力的发展规律、资本的运动规律，得出"两个必然"即资本主义必然灭亡、共产主义必然胜利的结论。

李达在学习、研究马克思主义政治经济学基础上，继承和发展了马克思主义经济学基本观点。他提出了经济学研究任务，明确了经济学的研究对象。特别是他从经济学与社会科学关系角度，指出经济学是社会科学的一种，其对象是社会构成过程中的生产关系总体，并据此提出了"生产关系总体"概念。李达所说的生产关系总体也叫社会的经济构造，它是生产关系与生产力的统一。这样一来，李达经济学研究对象就包含生产关系和生产力，这与当时对中国影响最大的苏联政治经济学不同，它仅把单一的生产关系定为研究对象。李达增加了马克思主义政治经济学的研究对象，整体上更接近于马克思政治经济学研究对象的内涵。

2. 李达对经济学研究范围的扩展

李达认为，根据研究范围不同，可以将经济学分为"广义经济学"与"狭义经济学"。他主张广义经济学，即经济学要研究历史上各种经济构造发生、发展、没落及其互相转变的法则。李达不仅将他的研究重心放在当时占社会主导地位的资本主义经济法则上，也顺次研究了先资本主义社会的各种经济法则，

还研究了后资本主义社会即社会主义和共产主义经济法则，特别强调必须研究中国经济。而狭义经济学的研究范围只强调研究资本主义经济法则。李达强调，他之所以要取广义经济学的立场，既具有纯理论意义，更具有实践意义，因为研究广义经济学既为了求得经济学知识、求得社会实践指导原理，更是为了促进中国经济发展才去研究经济学。李达还对只研究外国经济而忽略中国经济的做法进行了严肃批评。这样，李达经济学研究的目的就很清楚了，他强调经济理论价值及其实践指导意义。这些观点在当时的中国是独到的，对于马克思主义经济学中国化具有开创性意义。

二、采用了马克思主义经济学中国化研究范式

李达采用了马克思主义经济学中国化研究范式，是指他实现了马克思主义经济学的普遍真理与中国特定时代的政治、经济、文化、历史、现实等的结合，并使其经济学理论深深地打上了中国烙印的过程。这种研究范式后来被普遍继承。

1. 李达采用了马克思主义哲学经济学中国化

"马克思主义中国化"作为概念，最早是由毛泽东在 1938 年中共六届六中全会上提出来的，后来逐渐被全党和学术界所接受。从提出至今，马克思主义中国化内涵在当代已经发展成为马克思主义中国化、时代化、大众化，进入到"三化"并提时代。作为哲学社会科学研究范式，马克思主义中国化已经广泛涉及哲学、经济学、政治学、法学、文学、历史学、社会学、生态学等各学科，并结合这些具体学科有了多方面的发展，展现了中国马克思主义的逢勃生命力。

李达是中国早期马克思主义中国化的先驱，也是中国早期专门学习并系统掌握经济学理论、采用了马克思主义经济学中国化研究范式的先驱。根据学术研究范式的"范式"定义，即"学术共同体中的研究者们自觉认同和共同持有的一套信念、原则和标准"[①]，李达采用了马克思主义经济学中国化研究范式，即是说李达运用马克思主义经济学理论结合中国实际系统研究了中国经济学，他的这种研究方式为后来的学者所效仿。

2. 李达对马克思主义经济学中国化的主要贡献

李达在马克思主义经济学上采用的研究范式，具有重要的方法论意义和深远的学术指导作用，其贡献可以通过重点介绍两部著作来体现。

《中国产业革命概观》是李达最早开启马克思主义经济学中国化的代表作。

---

① 汪信砚：《范式的追寻——作为范式的马克思主义哲学中国化研究》，人民出版社 2008 年版，第 56 页。

一是体现在研究产业的路径上。李达根据当时能够获得的统计资料，深入地剖析和研究了中国近代产业问题。这是李达根据马克思主义基本原理，对中国经济现实问题进行研究的大胆尝试，是李达把马克思主义基本原理与中国经济实际相结合进行研究的产物。李达仿效列宁的《俄国资本主义发展》的写法，对中国产业经济学进行的独立研究，开创的研究路径为他后来撰写《经济学大纲》《货币学概论》等著作提供了方法论借鉴。二是引起了中国人民对发展中国产业问题的思考。李达指出中国已踏入了产业革命进程，并结合大量的产业变化事实，对中国传统的农业和手工业变动进行了全景式介绍和分析，对中国近代企业的发展变化过程进行了考察，并对其现状进行了多方面介绍，李达最后还提出了中国现代产业发展道路。这些介绍和分析客观描述了中国产业的历史、发展过程与现状，引起了读者对中国产业问题的关注，明确地提出了解决中国产业发展的途径。李达研究中国产业发展变动的目的，为的是中国社会革命，这是非常明确、绝不含糊。三是比较客观地反映了中国近代产业发展的实际。在当时的中国学者中，关注产业问题并主张中国产业革命者不是很多，就该领域研究内容和深度来说，李达是最早专门研究中国产业问题并取得了诸多成果的第一人。李达根据马克思主义基本原理，对中国产业革命进行了独立自主的研究，开辟了中国产业经济学研究的先河。他这方面的研究成果反映了帝国主义侵入之后中国所经历的半殖民化历程，使中国人民能够对中国产业的发展状况有一个比较清晰的了解。他的产业经济学的理论成果，可以为中国进行产业革命，以及发展中国产业提供指导。

《经济学大纲》形式上仿照了马克思《资本论》的结构体系，内容上对马克思的资本论、列宁的帝国主义论、斯大林的总危机理论都有吸收，是当时我国学者对《资本论》所包含的政治经济学原理进行的最早最新阐释的著作，代表了"20世纪30年代中国马克思主义经济学的研究的最高水平"[①]。李达独特的理论贡献在于：一是较全面地阐述了马克思主义政治经济学的主要内容。这部作品忠实转述了马克思主义政治经济学基本原理，将抽象的《资本论》运用中国式的语言进行了浓缩式简化，有助于中国人理解政治经济学，也是马克思主义政治经济学中国化、时代化、大众化的尝试。既有李达宣传马克思政治经济学的功绩，也有其理论研究的贡献。二是较及时地吸纳了最新的有关学术研究成果。突出的表现是对列宁的"帝国主义是资本主义最高阶段"理论的吸收，以及运用最新数据和中国式语言，对中国当时的经济学发展变化进行分析、

---

①　郎廷建：《马克思主义经济学中国化的标志性成果》，载《武汉大学学报》（人文科学版）》2015年第68卷第2期。

概括和介绍。通俗地向人们介绍马克思主义经济学，引导了国人对中国现实经济问题的思考。三是粗略地介绍了先资本主义社会经济形态的发展。李达强调，经济学不仅要研究当时占主导地位的资本主义政治经济学，也要研究当时占社会主要形态的社会主义经济，同时为搞清楚现代社会的来踪和去迹，还要研究先资本主义社会的经济形态。而且李达对先资本主义社会经济形态的研究，是马克思主义政治经济学独具特色部分，使资本主义政治经济学有了历史之根，也使人们能厘清社会上各种经济形态的发展脉络。四是概括地介绍了研究社会主义和中国经济的必要性。立足当时，强调有必要研究占主导地位的资本主义经济自不必说，但关注具有强大生命力的社会主义经济形态是李达的强烈使命感使然。立足于中国，自觉关注国家和民族的命运，是李达的目的感使然，他强调研究中国经济之必要性的理由很充分，因为我们"是现代中国人"，"生活于现代的中国"。五是比较明显地体现了诸多创新之处。如作为李达经济学研究对象的社会经济构造，是指生产关系的总体即生产力与生产关系的统一，所以它既研究生产关系又研究生产力。又如：李达在数据上采用了当时社会能够搜集到的许多新数据，在语言表述上运用了许多中国式语言。这些都是李达对马克思主义经济学中国化的具体表现。

三、拓展了多个部门经济学研究

部门经济学是根据经济学的基本原理，通过揭示国民经济某一部门或领域的经济现象，进而发现相关经济问题和经济规律的学科。李达以马克思主义经济学为基础，将其经济学拓展至中国式政治经济学、产业经济学、货币银行学、经济史学、发展经济学、社会主义商品经济学或市场经济学、区域经济学等方面。

1. 李达对部门经济学的拓展

唯物史观认为，社会经济结构是人类社会的基本组成部分。社会越发展，反映社会经济构造的国民经济体系就越复杂。世界各国的国民经济体系都是一个动态的、多层次、多领域的大系统，这个系统在运行中会涉及一种社会形态下全部物质的和非物质的生产部门或领域，尤其是随着社会分工的发展，国民经济体系越来越细化、内容越来越复杂。国民经济有多少领域，就有多少类经济现象。

部门经济学以经济学一般原理为基础，是整个经济科学体系中的相对独立的分支学科，它们以某领域的经济问题和经济规律为特定的研究对象，形成了各种各样的部门经济学。部门经济学的研究对象，随着人类认识深化经历了不断的演变过程。最初的古典经济学是综合的，但随着人类社会分工的深入发展和社会生产力的不断提高，特别是资本主义商品经济的大发展，经济学越来越要求对各个部门和领域进行分门别类的研究，于是，各类部门经济学开始应运而生，推动着经济学成为全部学科体系中的重要组成部分。马克思所处的时代是部门经济学酝酿发育的重要时代。

李达早年学习和研究马克思主义理论，主要是马克思主义唯物史观和政治经济学，但他又不局限于政治经济学，而是对经济学有着多方面的拓展。如：他在《现代社会学》《社会学大纲》《经济学大纲》等著作中，都阐述了马克思主义政治经济学基本原理，拓展了中国式政治经济学；他的《中国产业革命概观》开创了中国产业经济学，他的《货币学大纲》促进了货币银行学等部门经济学理论发展，他的《社会进化史》《社会发展史》及中国现代经济史论文是对经济史学的拓展；他对中国乃至于包括其他殖民地在内的落后国家经济发展的关注，形成了发展经济学；他的《共产主义社会的两个阶段》《关于我国由社会主义过渡到共产主义的问题》等论文，是对社会主义商品经济或市场经济理论的研究；他对中国的一些地区经济的关注，实际开始了区域经济学探索，如此等等。正是因为李达在多个经济领域里都有拓展，从而推动了部门经济学的产生和发展。

2. 李达对部门经济学的主要贡献

李达对部门经济学的多方面贡献，主要体现在：一是拓展了中国政治经济学。李达从唯物史观出发，认为社会主义是中国社会革命的前途和方向，他在大力宣传社会主义的同时，也提出了社会主义经济学的观点。他的《现代社会学》《社会学大纲》是中国政治经济学的理论基础。《经济学大纲》拓展了中国式政治经济学。二是开创了中国产业经济学。李达的《中国产业革命概观》，是结合中国近代社会产业的演变，独立自主地对中国产业革命发展过程的分析和研究。三是促进了货币银行学的发展。李达的《货币学大纲》，严格依据马克思《政治经济学批判》和《资本论》的基本观点，充分吸收了列宁的帝国主义理论和斯大林的经济危机理论，又结合了中国实际，运用了中国式语言，对马克思主义货币学理论进行专门研究，其成果体现了李达对我国货币学理论的开拓。四是拓展了经济史学。李达的社会进化史、发展史和中国现代经济史论文所涉及的经济学内容，是李达对中国社会特别是中国近代社会经济发展史的考察，其成果是李达对"经济史学"这一经济分支学科的拓展。五是开创了发展经济学的先河。李达特别强调关注中国经济，指出中国经济是落后的半殖民地半封建经济，提出了如何解决中国乃至于包括其他殖民地在内的落后国家经济发展问题的办法，实际上是在中国经济学研究上开创了"发展经济学"先河。六是触及社会主义商品经济或市场经济理论。李达有关社会主义、共产主义或新民主主义的论文，已酝酿了"社会主义市场/商品经济"的命题。七是区域经济学。李达的论述中还涉及世界上的一些国家、中国的一些地区的经济问题，也提出了自己的见解，这些可以视为他创立"区域经济学"的先导。

总之，李达在开创部门经济学方面所做贡献是多方面的，其成就是显著的。李达无疑应被视为开拓我国多个部门经济学的先驱。

四、开拓了中国货币学研究新领域

货币经济学是研究货币起源、本质、职能和发展规律的科学。历史上出现过多种货币学理论，世界各国也各有其货币政策，这些理论和制度对国民经济或世界经济产生了重要的影响。李达在货币学上的贡献，不仅较系统地传播了马克思主义货币学理论，而且也对马克思没有涉足或涉足不多的货币问题做了较详细分析，并联系当时有的经济学者唯西方货币理论和货币制度是从的实际，对几种主要的货币学说进行了批判，丰富和发展了马克思主义货币学理论。

1. 李达探索货币经济学的历程

马克思主义货币经济学理论寓于马克思主义商品理论之中，也有自身的发展规律。货币的实质是一定社会生产关系的反映。马克思没有专门的货币学专著，但在《政治经济学批判》和《资本论》中集中地论述了货币学理论。1859年版的《政治经济学批判》是马克思公开发表的第一部政治经济学著作，由于当时正值1857年爆发的席卷欧美的世界性经济危机，马克思预感到危机必然会出现革命新高潮，所以他加紧总结自己十多年的经济学研究成果，以为无产阶级斗争提供思想武器。该书是马克思计划以《政治经济学批判》命名的六分册中的第一分册（后转为《资本论》"初篇"）的前三部分，即"序言""商品""货币或简单流通"。马克思在考察交换过程时，揭示了商品的内在矛盾，论证了货币产生的必然性，阐明了货币作为一般等价物的本质，并考察了货币的职能，实现了价值和货币理论的革命性变革。《资本论》是马克思最具代表性的著作，也是马克思耗尽毕生心血的巨著，被誉为"工人阶级的圣经"。它将货币理论置于商品理论之后，考察了货币的起源，揭示了货币的本质，介绍了货币的基本机能，批评了货币拜物教，介绍了货币的资本化即货币运动，形成了资本的理论。他的这两部著作成为我国马克思主义货币学理论最主要的理论源头。

马克思的货币经济学理论，随着《资本论》等著作的传入而被中国早期知识分子所接受。李达早年留学日本期间就研读了马克思的《资本论》第一卷，接触到马克思的货币学理论，这为他后来传播和研究货币学理论奠定了基础。
20世纪30年代，李达在北平任教期间出版的《经济学大纲》《货币学概论》，
最为集中地论述了货币学问题。其中，《经济学大纲》第二部分为"资本主义
的经济形态"，李达在商品理论之后专设两章，分别论述货币和货币的资本化，
这部分货币理论的表述基本上是参照《资本论》的形式和观点；《货币学概论》
是马克思主义货币学专著，李达搬用了马克思《政治经济学批判》和《资本
论》相关理论成果，同时又结合自己的研究和中国国情作了理论发挥，被誉为
"中国人自著的第一部马克思主义货币学专著"①。该书比较全面系统地介绍了
马克思的货币理论，论述了货币的起源、本质、机能及货币资本化，批判了货
币拜物教，将货币机能概括为五种（但他将储藏手段、支付手段、世界货币置
于"当作货币看的货币"这一节，将价值尺度、流通手段置于"当作价值尺度
与流通手段看的货币"这一节分别论述）。该书在论述方式上按照马克思的分
析思路说明马克思货币理论的基本观点而不太注重实际运用并非李达首创（如
陈启修的《经济学讲话》也是如此），但从历史、社会、地理等层面去分析商
品转为货币的成因则是李达的贡献；作为专门的货币学著作，对货币金属主义、
货币名目主义和货币数量说等三大理论进行批判，也是李达的首创。这些成就，
反映了李达对马克思主义货币学理论的拓展。

　　2. 李达对马克思主义货币经济学理论的拓展

　　李达的《货币学概论》立足于马克思的《政治经济学批判》和《资本论》，
吸收了列宁的帝国主义理论、斯大林的经济危机理论相关内容，体现了马恩列
斯有关货币金融学、经济危机等思想，有着厚实的理论根基，学术水平也达到
相当高的程度，后来的研究者对其也有很高评价。

　　李达的货币学研究成就，综其要点，其所达到的水平主要体现在以下诸方
面。一是在货币本质和机能研究上，李达循着马克思的思路，从分析商品入手，
通过考察货币产生，进而说明了货币本质和机能。他认为货币的本质必须在商
品中去探求，并从分析商品二重性、揭示劳动二重性入手，探究商品价值形态
发展和演变过程，说明了货币的产生与发展。李达还逐一考察了货币的机能，
指出货币具有阶级性，是中国最早的提出者之一。二是在货币学说流派上，李
达对三大资本主义货币学说进行了批判。其中，货币金融学说在于，"不能理解
货币的本质"，"只知道注意于物与物的关系"②，"不知道货币的起源和发展，

　　① 郎廷建：《马克思主义经济学中国化的标志性成果》，载《武汉大学学报（人文科学版）》2015
年第68卷第2期。
　　② 李达：《货币学大纲》，载《李达全集》第15卷，人民出版社2016年版，第368页。

　　　　　　　　　　　　　　　　　　　　　　　　　　　　　　　　·127·

把货币看成单纯的贵金属"①，李达批判金属论看不到物与物背后的人与人关系，是超过同代学者的独到之处。货币名目主义主张的是"观念的货币论"②，其要害明显在于是唯心主义。货币数量学说"以犀利的阶级分析目光，提出货币数量论与名目论的相似和不同之点"，这种方法"在旧中国，这是教育人民大众，使之觉悟的强大的理论武器"③。三是在信用、信用货币与货币体系上，李达将资本主义信用体制和货币制度作为研究金本位崩溃的前提。李达指出，商业信用与资本主义再生产有不可分的联系，"它的作用和特征，被李达凝练而准确地表述了出来"④。李达还揭示了信用在资本主义再生产中的作用，对资本主义诸国采用金本位制、银行券流通法则的基础是金子流通法则等进行了说明，使《货币学概论》"不愧为马克思理论家的不朽之作"⑤。四是在金融恐慌与金本位制的崩溃上，李达分析了货币流通与金融恐慌的关系，介绍了金融恐慌、交易所恐慌，对购买力平价说进行了批评，提示了贴现政策的根本目的，指出各国发行银行都以争取金子而巩固本位货币一事作为中心的任务。信用一旦动摇，一切实的财富，都突然要求转变为金子。"这个认识，在当时应该说是客观而科学的，深刻而真实的。"⑥ 李达还认为，各国用人工办法破坏货币运动法则就会引起通货膨胀和金本位制崩溃现象。这些分析和认识在当时来说都是独到的、深刻的，当然更是科学的。

李达的《货币学概论》是我国 20 世纪 30 年代货币学研究领域的标志性成就，它在内容上有诸多独到的创新论断。李达当年的北平大学学生、后来的武汉大学经济系教授尹进认为，与同时代的货币学理论相比较，《货币学概论》的水平也是极高的，它"乃是早在三十年代中国最早系统地……显示着马克思主义理论在中国的运用和发展的新的里程碑"⑦。中央财经大学金融学院教授姚遂在其《中国金融思想史》中写道："在当时国内，堪称是运用马克思主义原理在货币理论方面的佳作，即使在世界上，也不愧为当时马克思主义货币理论的上乘之作。"⑧ 这里，要正确估量李达的货币学贡献，无论是它在当时经济学家同类著作中的地位，还是它对后来的货币学类著作的影响，他所取得的成就

① 李达：《货币学大纲》，载《李达全集》第 15 卷，人民出版社 2016 年版，第 369 页。
② 李达：《货币学大纲》，载《李达全集》第 15 卷，人民出版社 2016 年版，第 376 页。
③ 姚遂：《中国金融思想史》，上海交通大学出版社 2012 年版，第 607 页。
④ 姚遂：《中国金融思想史》，上海交通大学出版社 2012 年版，第 610 页。
⑤ 姚遂：《中国金融思想史》，上海交通大学出版社 2012 年版，第 616 页。
⑥ 姚遂：《中国金融思想史》，上海交通大学出版社 2012 年版，第 621 页。
⑦ 尹进：《〈李达货币学概论〉的写作前后及出版的伟大意义》，载《经济评论》1991 年第 5 期。
⑧ 姚遂：《中国金融思想史》，上海交通大学出版社 2012 年版，第 604 页。

都是非常突出的。当然，李达的货币学思想也有着马克思主义货币理论早期在中国传播的共性问题，即存在较少运用货币理论分析中国现实货币问题的不足，但这不影响他作为中国马克思主义货币理论开拓者的地位。

五、考察了中国近代经济史的发展

李达对中国近代经济史探索的成就，早期主要体现在《中国产业革命概观》对中国产业革命过程的研究中，20 世纪 30 年代主要体现在《经济学大纲》对中国近代经济发展的概括中，最为集中地体现在中国现代经济史的两篇长论文中。

1. 李达对中国现代经济史的考察

李达对中国现代经济史的研究成就，最为集中地体现在《中国现代经济史之序幕》《中国现代经济史概观》两篇论文中。

1935 年 5 月发表的《中国现代经济史之序幕》和 9 月发表的《中国现代经济史概观》都是李达拟编写的《中国现代经济史》的一部分。李达在《中国现代经济史之序幕》的"附注"中明确指出，"本文是未完成的拙著《中国现代经济史》的第一章，因为《法商学院专刊》缺少稿件，特抽出这一章来，藉充篇幅"①。单就这两篇文章的内在逻辑来看，"序幕"可视为"概观"的前史或前提，"序幕"讲的是中国近代经济史开端之前的状态，即占据主导地位的封建社会经济和初步发展的资本主义经济，当然也顾及了中国近代经济史的由来；"概观"是对中国近代经济史的整体把握，重点是帝国主义入侵后、中国近代经济的发展变化史。

李达在《中国现代经济史之序幕》中首先探讨了帝国主义侵入之前中国社会的性质，重点介绍了中国封建社会经济的特征，向前延伸介绍到近代期以前具体的中国经济的发展过程，分析了中国商业资本在封建经济中所起的作用，缩写了从清初到鸦片战争期间的中国经济概况，补述了这个阶段的商业状况，由此认定，帝国主义侵入以前的中国经济仍属于封建经济范畴。此后又介绍了帝国主义侵入之后中国经济的变动，分析了鸦片战争的前因后果，对帝国主义入侵后中国经济变化情况进行了分析和介绍，使人们能够对中国近代经济史开端之前的中国经济历史和现状有比较清晰的认识。《中国现代经济史概观》在李达的中国近代经济史研究中占有特殊重要的位置，因为"概观"是从整体上对中国近代经济史的整体把握，而我们要了解李达未完成的《中国现代经济

---

① 李达：《中国现代经济史之序幕》，载《李达全集》第 10 卷，人民出版社 2016 年版，第 327 页。

史》，最为可能的就是依靠这篇文献。但令人遗憾的是，李达在此文中只留下了中国半殖民地资本主义化的前两个过程，第三个过程即"自1915年起至现在为止"，永远地停留在"待续"了。那么，人们对于李达近代经济史研究的了解，也只有靠《中国现代经济史概观》的前两期的介绍了。好在，"概观"是从整体上对近代经济史的介绍，虽没有后续，但是可以通过"概观"对李达的中国近代经济史思想进行基本的把握。

总体来说，李达这两篇长论文，通过对中国近代经济史前状况的介绍，以及对中国近代经济史整体状况的介绍，概要式地将中国近代经济的发展过程呈现给读者，其中所涉及的内容是依据马克思主义唯物史观的方法论，对中国近代经济发展过程的理论探索。与同时代的理论家相比较，李达对中国近代经济史的考察，具有拓荒性的学术贡献。

2. 李达对中国近代经济史的主要贡献

李达探索中国近代经济史的成就，是其全部经济学思想的重要组成部分，他通过揭示帝国主义侵入前后中国近代经济的发展变化历史（集中体现在回应帝国主义侵入前中国社会性质、社会史问题论争中），指出帝国主义是中国人民最主要最凶恶的敌人，深化了马克思主义经济学中国化的研究等多个方面。一是揭示了中国近代经济发展历史的客观过程。李达在分析中国近代经济史过程中贯彻着帝国主义的侵入、封建主义从反抗到顺从、民族资本主义发展三条主线。从这个意义上说，一部中国近代经济史，就是一部帝国主义侵入史、中国封建主义反抗史和中国民族资本主义发展史。在这整个历史过程中，李达以鸦片战争为标志，将中国近代经济史分为帝国主义侵入前后两个过程，其中前一个过程是达到"序幕"的过程，后一个过程是"序幕"展开的过程。达到"序幕"的过程，通过追本溯源，考察了中国近代以前的经济发展过程和帝国主义侵入之前中国经济的状况，分析了中国社会的性质、中国社会史问题，介绍了帝国主义侵入之后中国经济的变动；"序幕"展开的过程，具体地解析了中国近代经济史的三个时期，详细介绍了前两个时期各自细分的三个过程，揭示了帝国主义侵入之后中国近代经济发展变化的具体情况，为人们从动态角度去观察中国近代历史特别是中国近代经济史提供了方法论指导。二是回应了帝国主义侵入前中国社会性质、社会史问题论争。20世纪二三十年代掀起的中国社会性质、社会史问题大论争，国际上以托洛茨基、国内以陈独秀为代表的"托陈取消派"认为，中国已无封建地主阶级，中国革命的任务是反对资产阶级而不是反封建；以严灵峰等为代表的"动力派"、以陶希圣等为代表的"新生命派"认为，中国封建社会已是"残余的残余"，中国已不是封建国家，因此公开攻击中国共产党关于中国社会性质、中国革命性质和任务的论断。所有这些，要求对当时的中国社会性质有一个科学的认识。李达的中国近代经济史研究，是对这些论战的回应和深入。他曾在《中国产业革命概观》中指出：要晓得现代的中国社会究竟是怎样的社会，只有从经济里去探求。正是循着这种思路，李达在中国近代经济史领域所做的理论贡献，澄清了大革命失败后人们的迷茫和困惑，为解决中国革命性质、任务和中国革命前途等一系列重大问题指明了方向。三是指出了帝国主义是中国人民最主要最凶恶的敌人。李达从唯物史观大视野去审视中国近代经济发展历程，他在对中国近代经济史的探索中，从帝国主义武力扩张殖民地视角，指出了侵入中国的真正元凶。李达还从帝国主义利用不平等条约，在中国境内实施经济的政治的文化的侵略的根据，揭示了帝国主义扩张将中国纳入世界范围的资本主义体系，以及通过各种手段使中国成为帝国主义殖民地的侵略行径。四是深化了马克思主义经济学中国化研究。李达致力于中国经济的研究，是其一以贯之的态度，对中国近代经济史的研究，是其马克思主义经济学中国化研究的深化。李达的《中国产业革命概观》，密切联系中国产业革命的进程，开启了马克思主义经济学中国化的先河。李达在《经济学大纲》"绪论"之中，就从多方面论证了研究中国经济的必要性，表达了马克思主义经济学中国化的需要。李达的《中国现代经济史之序幕》和《中国现代经济史概观》，则直接联系中国近代史开端前后中国经济的发展变化过程，客观地描述了马克思主义经济学中国化历史进程。应该说，李达的中国近代经济史研究成就，是马克思主义经济学中国化的深入发展和直接深化。

六、探索了共产主义两个阶段经济建设的规律

马克思研究经济学的进路发端于哲学。唯物史观揭示了人类社会发展规律，预示着人类社会未来发展方向。马克思在探索过程中多次对共产主义两个阶段即社会主义阶段和共产主义阶段进行过阐发。李达遵循马克思从哲学到经济学的研究路径，探索了社会主义和共产主义经济建设规律。

1. 李达对社会主义和共产主义经济建设的探索

李达早年选择学习马克思主义，认识到马克思主义是社会革命的理论武器；他专攻马克思主义的目的，也是为了给中国社会革命提供理论基础。李达留学期间首先接触的是唯物史观，他向国内撰文宣传社会主义时开始关注社会主义经济。20 世纪 20 年代，李达在与假社会主义、无政府主义和改良派进行论战时开始力挺社会主义，他相信将来社会经济组织必归于社会主义，因此强调

"在今日而言开发实业，最好莫如采用社会主义"①。在 20 世纪 30 年代的社会性质和社会史论战中，李达的《社会学大纲》对社会主义过渡期的经济特征作了前瞻性探讨，他的《经济学大纲》特别强调研究社会主义经济的必要性，他的中国近代经济史论文也展示了中国近代经济的形成演变史，介绍了中国社会主义经济建设基础。新中国成立前后，李达的《社会发展史》依据社会发展顺序介绍了社会主义和新民主主义社会以及人类社会经济构造与社会发展过程。在社会主义革命和建设时期，李达的社会主义和共产主义经济思想又有了新的发展，他不仅分析了二者的区别与联系，而且指出了社会主义和共产主义的经济特征，如商品经济、按劳分配与按需分配等问题。李达也提出过社会主义到共产主义过渡期问题。他在社会主义建设初期曾对"大跃进""总路线"和人民公社等"左"倾做法持积极态度，甚至还对"跑步进入共产主义"口号非常乐观，但当他发现了一些问题后，就立即采取了坚决抵制的态度，因为李达特别强调经济建设必须遵循规律。李达强调要充分发挥价值规律的作用，以提高劳动人民的物质文化生活水平，他还提倡遵循共同经济规律必须要与民族特点结合起来。这样一来，李达关于社会主义和共产主义经济建设的思想脉络就清晰了：20 世纪早期论证社会主义和共产主义经济发展前途，20 世纪 30 年代探索过渡时期社会主义经济体系特征和根本法则，20 世纪 50—60 年代对社会主义和共产主义经济建设提出一系列新见解。李达经济学思想中的许多精辟见解和深刻认识，是他为社会主义和共产主义经济建设思想所做的重要贡献。

2. 李达探索社会主义和共产主义经济建设的成就

李达的社会主义和共产主义经济学思想源于马克思主义，在时间跨度上从青年到晚年，脉络是清楚的，内容是丰富的，既一以贯之，又随时代不同有着认识之变。李达对社会主义和共产主义经济思想的贡献，从早年宣传社会主义到晚年继续关注社会主义和共产主义经济建设，横跨新民主主义革命、社会主义革命和社会主义建设几个阶段，持续近半个世纪之久，其成就主要体现在：一是早年宣传社会主义时期批判了各种反科学社会主义的经济言论。李达最早发表的《什么是社会主义》《社会主义的目的》，是他早年直接宣传马克思主义的作品。李达论战时期发表的《讨论社会主义并质梁任公》等文章论及的社会主义经济，是对以梁启超、张东荪为首的"研究系"的资产阶级改良主义关于社会主义运动不适合中国、应采用资本主义方法发展中国实业等主张的批判，是对无政府主义者主张自由放任、社会主义革命后立即实行"各取所需"分配

---

① 李达：《讨论社会主义并质梁任公》，载《李达全集》第 1 卷，人民出版社 2016 年版，第 383－384 页。

原则等无政府主义思潮的批判，是对江亢虎的"新社会主义"提出的资产公有、劳动报酬、"教养普及"等假社会主义的批判。李达通过这些针锋相对的批判，坚决地捍卫了马克思主义科学社会主义的经济立场。二是独立研究经济学时期系统阐述了社会主义和共产主义经济形态。李达在1935年版和1937年版的《社会学大纲》关于社会经济构造之历史形态中，都提到了社会主义经济体系；在1935年版的《经济学大纲》中，虽没有专门论及社会主义和共产主义经济，但在其绪论中已专门论证了社会主义经济研究之必要和中国经济研究之必要；在1935年版的《社会进化史》和1950年版的《社会发展史》中，李达顺次介绍了社会主义社会与新民主主义社会，当然也涉及社会主义经济。这些有关社会主义和共产主义的经济思想，都是李达从社会发展形态出发，对人类社会发展"五种社会形态"理论的应用和具体展开。三是社会主义建设时期阐明了社会主义和共产主义经济的关系。如上所述，李达指出了社会主义和共产主义是同一社会形态的两个不同发展阶段：社会主义是当前的发展状态，共产主义是未来的发展状态，两者前后相连，是共产主义低级发展阶段与高级发展阶段的区别，社会主义为共产主义发展准备条件，共产主义是社会主义发展的必然归宿。社会主义和共产主义的关系，正是探索社会主义经济规律与共产主义经济规律的前提。对应社会主义和共产主义之间关系，两者经济建设之间也存在着相互的联系，李达指出了从新民主主义到社会主义之间存在着过渡期，过渡期经济有着多种经济成分，社会主义经济规律包含多项内容。李达特别反对降低共产主义标准，在当时具有重大的现实意义。总体来说，李达在社会主义经济与共产主义经济的探索上，成绩是卓越的，影响是深远的。但李达的社会主义和共产主义经济建设思想也受到时代的限制，他也一度受到"大跃进"、人民公社等社会主义建设"左"倾思想的影响，好在凭借着深厚的马克思主义理论造诣，当李达发现社会主义经济建设偏离社会发展的实际之后，很快开始了自觉抵制和尖锐批评，在此过程中很自然地对社会主义和共产主义经济的关系进行了阐述，初步揭示了社会主义与共产主义经济规律。

上述成就表明，李达对唯物史观的经济学向度展开是多方面的。这些成就仅是研究过程中的一些主要体会，事实上，李达在唯物史观基础上还有很多经济学贡献，如指出了被压迫民族经济解放的道路，实现了马克思主义哲学与经济学的结合等，但限于篇幅，不再具体展开。正因为这些成就，李达被称为"经济学名教授"，当之无愧，实至名归。

第三节　李达经济学思想的当代价值

五四运动前，青年李达的教育救国、科学救国和实业救国梦想先后破灭后，他从思考"中国向何处去"的时代之问出发，专攻马克思主义，后来又抱着社会革命的目的，在理论研究上对唯物史观作了多向度展开，其中的经济学向度成果形成了他的经济学思想体系。当今世界，各国经济探索与实践、问题与现状，中国经济改革与发展、转型与任务，以及全球化背景下的世界经济走向、经济学研究成就与困惑，与一百余年前的世界和中国早就不同了，但唯物史观视域下的李达经济学思想涉及的领域、揭示的规律、使用的方法等，对于我们观察和研究当代社会经济问题仍具有多方面的参考和借鉴价值。

一、开展当代经济学研究的宝贵经验

在李达学术思想体系中，唯物史观是理论基石。唯物史观视域下的李达经济学思想，研究对象明确、研究范围广泛、研究内容丰富、研究方法多样、研究风格独特，可以为当代经济学研究提供宝贵的经验。

1. 经济学研究要追踪时代问题和回答时代重大命题

李达研究唯物史观和马克思主义经济学的时代，正值帝国主义疯狂瓜分世界、中国经历"数千年未有之变局"① 的时代，战争与革命是那个时代的主题。当时的世界，发达资本主义国家向海外疯狂掠夺殖民地，落后国家被卷入殖民地体系，世界处于无产阶级革命时代；当时的中国，人民深受帝国主义压迫、封建主义剥削，国家积贫积弱，劳苦大众处于水深火热之中，"中国向何处去"是那个时代的重大命题。

如何回答这样的时代之问？无数中国人前仆后继、奋勇探索救国救民道路，各领域学者笔耕不辍、积极思考民族自救真理。青年李达从朴素认识出发，立志报国，后来选择了马克思主义，接触到唯物史观，逐步形成社会主义革命的主张。他刻苦学习，深入思考"中国向何处去"的时代命题，带着"寻找同志干社会革命"的目的，积极投身于宣传马克思主义和革命的教学研究活动之中，成为中国早期社会革命的"播火者"、青年成长进步的引路人。李达立足于唯物史观、以经济学为突破口，通过学习、宣传马克思主义经济学理论，并结合

---

① 李鸿章：《因台湾事变筹画海防折》，光绪元年（公元 1875 年）。

实际系统研究中国经济问题，他的唯物史观的经济学向度研究有了多方面展开，形成了唯物史观视域下的经济学思想体系。李达利用大学讲台，宣传马克思主义哲学和经济学，为中国革命培养了大批人才，他的生动讲解和理论启发，引领许多青年才俊走向革命道路。李达在产业经济学、政治经济学、货币金融学、经济学史、社会主义和共产主义经济学等领域取得的成就，拓展了中国马克思主义经济学研究内涵，丰富了中国马克思主义理论宝库。李达在新中国成立后对社会主义与共产主义经济建设规律的研究，以及以生命为代价捍卫马克思主义真理，真正体现了他是"为真理而斗争的李达同志"。李达开创的马克思主义中国化、时代化、大众化研究路径，今天仍是行之有效的科学研究方法。通过以上努力，李达在理论上回答了"中国向何处去"问题，消除了人们的一系列困惑；在实践中阐释了马克思主义真理，为中国革命和建设走上胜利道路做出了重要贡献。李达的卓越功绩和研究方法，永远值得我们牢记和借鉴。

根据唯物史观社会形态基本原理，当今世界处在资本主义高级阶段与共产主义初级阶段并存的局面中，即现在是新帝国主义与社会主义两种社会制度共处的时代。与李达所处时代相比较，当今的时代主题和历史任务都发生了根本性变化，中国国家面貌和国际地位也发生了翻天覆地的变化，中国特色社会主义进入了新时代。但世界正处于大发展大变革大调整时期，更面临着"百年未有之大变局"，各种不稳定性和不确定性因素也在增加，世界面临着许多共同的挑战，"人类向何处去"又成了新的时代之问。值得庆幸的是，中国经过四十多年的改革开放，始终坚持以经济建设为中心，中国特色社会主义事业取得举世瞩目的伟大成绩，党和国家的面貌、中国人民的面貌、中华民族的面貌发生了前所未有的变化。我们有理由坚持理论自信、道路自信、制度自信和文化自信，但在中国经济转型升级过程中也呈现出贫富分化、区域经济发展不平衡、经济下行压力较大等一系列问题。世界怎么了？我们怎么办？这些问题，都是我们必须探索的命题。它需要着眼于人类社会的发展，立足于中国当下的现实，给出应有的答案。

2. 经济学研究要紧盯时代任务和瞄准时代重大课题

李达经济学思想立足于中国经济的发展，放眼于一切社会形态的经济结构，对革命和建设不同时代经济状态下提出的历史任务进行了积极回应和系统回答。

面对中国早期革命理论准备不足的问题，李达积极投入到宣传马克思主义行列，他通过译介原著、创办刊物和出版社、借助大学讲台授课、撰文发表和出版著作等形式，大力宣传唯物史观和社会主义，强调中国社会革命要从经济

中去寻找，成为中国现代革命史上"一位普罗米修士式的播火者"①；面对 20
世纪 20 年代形形色色的假社会主义、无政府主义等对马克思主义的挑战，李达
毫无迟疑地投入论战中并站在斗争最前列，论战揭示了各种非马克思主义者的
错误思想，捍卫了马克思主义社会革命理论；面对 20 世纪 20—30 年代中国社
会性质和中国社会史的论争，李达撰写了《中国产业革命概观》《社会学大纲》
《经济学大纲》《中国进化史》等论著，阐发了中国产业革命历程和发展中国产
业革命的出路，指出了中国社会性质在鸦片战争以前是封建社会而其后是半殖
民地半封建社会，揭示了先资本主义及资本主义社会经济形态，描述了中国社
会进化过程；在新中国成立后的社会主义建设中，李达热情歌颂社会主义经济
建设成就，但当他发现新中国经济建设混淆了社会主义、共产主义两个不同阶
段、出现了违背社会主义经济建设规律以后，他毅然对急躁冒进的经济建设态
度提出了严肃批评，并为正确推进社会主义经济建设指明了方向。

　　我们今天所处的时代，已与李达所处的时代俨然不同，且新时代的历史任
务更加繁重。当下，虽然已全面建成小康社会，但建成富强、民主、文明、和
谐、美丽的社会主义现代化强国仍然任重而道远，实现中华民族伟大复兴也绝
不是轻轻松松、敲锣打鼓就能实现的。面对我国经济发展进入新常态带来的新
变化，我们还要研究中国经济由高速增长转入中高速增长之后经济的可持续增
长、转型升级、补齐发展短板、避免步入"中等收入陷阱"、区域经济协调发
展等问题；我们要把中国特色社会主义事业向前推进，还需要高举马克思主义
旗帜不动摇；我们倡议的"构建人类命运共同体"理念还面临着诸多不和谐声
音，中国将承担更多的国际责任。所有这些表明，新时代历史任务空前繁重，
新时代机遇挑战前所未有。在这样背景下，建立新时代中国特色社会主义经济
学体系就成为新的时代任务。

　　3. 经济学研究要探索时代规律和总结时代基本特征

　　任何时代的社会科学研究，都要以时代问题为立足点，以探索规律为目的，
总结时代基本特征。经济学研究，更是体现这方面研究特点的典型代表。

　　唯物史观视域下的李达经济学思想是一个内容丰富的理论体系，其内容涉
及经济学的诸多方面。如上所述，李达经济学是唯物史观视域下的经济学，它
包括政治经济学、产业经济学、经济学史、货币银行学、商品经济或社会主义
市场经济、区域经济学、发展经济学等。李达结合时代背景在每类经济学中都
做出了自己的贡献，如：在政治经济学上，他的《经济学大纲》遵循马克思主
义政治经济学的基本原理，对先资本主义社会经济形态进行了系统考察，并对

---

　　① 侯外庐：《为真理而斗争的李达同志》，武汉大学出版社 1985 年版，第 6 页。

社会主义的经济结构和中国经济进行考察，都是李达的独创；在产业经济学上，他的《中国产业革命概观》明确指出了中国已踏上了产业革命的进程，他还结合当时能搜集到的数据对中国产业革命进程中的各个产业变化进行了详细分析，最后指出中国产业革命的出路，达到了探索中国产业革命规律、掌握中国产业革命特征的目的；在经济学史上，从李达的两篇论文可以发现，他不仅分析了中国近代社会以前的社会性质，也剖析了中国进入近代社会以后的经济发展阶段，并将中国近代经济发展分为三个阶段，每个阶段又细分为三个过程，这样研究中国近现代经济史就达到了揭示中国近现代经济史发展规律的目的。

上述表明，李达研究经济学有着强烈的目的导向。他根据唯物史观基本原理、结合实际阐述时代经济学问题，特别强调研究中国经济，并对不研究中国经济的做法进行了尖锐批评。李达所处时代，无论是社会主义革命时期还是社会主义建设时期，都与新时代有很大的不同，但其经济学研究确立的原则、使用的方法，都对探索当代中国经济学理论具有重要的启示。

二、观察当代经济全球化的认识工具

李达探索经济学的时代，正值帝国主义向外疯狂扩张、掠夺世界财富的阶段，也是世界近代史上经济全球化大规模向前推进的时代。当代经济全球化，无论在深度还是在广度上，都有了新的发展，也呈现出许多新时代特征，但李达立足于唯物史观、在动态中观察和研究经济学的方法，至今仍可借鉴。

1. 以全球化视野观察当代世界和中国经济新变化

全球化之"化"，本意指过程，全球化是指人类社会各方面走向全球的过程，人们通常所说的全球化重点是指经济的全球化。经济全球化作为概念，目前学界尚无定论，但它在内涵上包含着各国经济向全球发展演化的过程。在经济全球化过程中，人类经济生活由各国的民族经济逐步走向全球成为世界经济。

李达唯物史观的经济学向度展开，实际就是置经济学于当时的全球化背景中，并且反映了这个变化过程。特别是他的经济史研究，李达一方面揭示了帝国主义侵入中国经济的过程，另一方面也反映了中国经济被侵入的变化过程，这个双向变化过程在他的中国现代经济史两篇长论文中有着详细论述。帝国主义侵入前，李达认为中国经济性质属于封建经济范畴，但商品经济已有了相当程度的发展，中国经济已进入封建时代末期而走进资本主义时代，只可惜它又不得不被迫踏入半殖民地化过程。帝国主义侵入后，李达认为欧洲资本主义向外侵略使他们走入资本主义时代，但是这种时代是印度航路通行、美洲大陆发现、尝到海外殖民甜味而向海外搜寻领土的结果，而当他们侵入中国之后，我国经济从此开始步入半殖民地经济过程。至于中国经济的具体变化过程，李达在中国现代经济史研究中又把中国近代经济被殖民化过程细分为三个时期。李达这种研究经济史的方法，就是以全球化视野来观察世界和中国经济变化过程的方法。

与李达所处时代相比，当代全球化在深度广度上都有了重大而深刻的变化。单就经济全球化来说，世界经济整体上呈现出"地球村"特点，各国经济"你中有我、我中有你"的程度进一步加深，产业、贸易、科技、金融、技术、服务，包括经济发展战略、基础设施建设等，越来越成为一个彼此相连的整体。在这种背景下从事经济学研究，必须学习李达置经济于世界经济发展过程中去考察的方法，既研究经济全球化背景下世界各国经济的发展，也研究中国经济走向全球化过程。只有这样，才能准确跟踪世界和中国经济的新变化，把握住时代经济发展的新特征。

2. 以全球化视野研究和推动世界经济新发展

全球化是当代经济发展最突出的特点之一，也是世界经济发展最明显的趋势。李达研究经济学的时代，全球化是以帝国主义侵略形式大规模出现的，当时世界经济全球化以帝国主义向外经济扩张和殖民地国家经济被掠夺为特征。李达经济学研究客观地揭示了帝国主义侵略过程，这种全球化视野对于研究和推动世界经济新发展具有重要的启示。

当代经济全球化过程，既有世界各国资源共享、互通有无、平等交流、合作共赢过程，也有某些强国向外扩张霸权、在全球范围内抢占资源过程。在全球化背景下，世界各国经济的发展都是在全球化过程中实现的，它们既受全球化影响，又影响全球化，因此各国都有责任推动和促进全球化进程。当然，全球化也总是伴随着逆全球化或反全球化的过程，诸如今天的"退群"现象、贸易保护主义、强调本国优先等，无疑都是当代世界经济全球化逆流，因为任何将本国利益置于世界各国或他国利益之上，任何肆意破坏世界经济规则的行为，都是全球化浪潮的阻力。近年来，由于单边主义、民粹主义作祟，贸易战的乌云笼罩全球，多边主义受到严峻挑战，加之新一轮科技革命和产业革命到来，实体经济与虚拟经济都面临着重大转折。在此背景下，任何国家研究和制定本国经济发展战略，必须把它置于经济全球化的系统中，深刻把握世界经济发展大势，认真分析自身经济发展条件；任何国家要推动和促进本国经济发展，必须研究经济全球化规律和特点，特别是世界经济全球化对本国经济有可能产生的影响。

当代世界经济全球化的基础是区域经济一体化，表现为一定区域范围内的若干国家通过让渡部分或全部经济主权，削减贸易壁垒，促进生产要素自由流动，执行相关共同经济政策，推动多边经济合作，形成具有排他性的区域经济联合体。根据一体化程度，人们常见的区域经济形式主要有：贸易互惠、关税同盟、共同市场、自由贸易区、经济联盟和经济一体化组织等。在具体组织上也有多种表现，如东盟、上海合作组织、亚太经合组织（APEC）、北美自由贸易区、非盟、欧盟、世界贸易组织（WTO）、跨太平洋伙伴关系协定（TPP）等。这些形式，有的是纯经济一体化组织，有的以经济一体化为基础兼有综合的性质，但都深刻地影响着世界，是当代经济学研究必须关注的地方。

3. 以全球化视野研究和推动中国经济新发展

全球化视野本身包含着纵和横两个方面，一是纵向上包含着"化"即过程，体现了时间维度；一是横向上包含着"全球"即范围，体现了空间维度。李达研究中国经济学的视野，同样体现在纵横两个方面：在纵向上，他将中国经济置于动态的历史观察之中；在横向上，他将中国经济放在广袤的全球范围之内。这种视野就是从纵横方面、时空维度探讨中国经济被侵略后的变化过程和具体阶段。

研究和推动当代中国经济发展，必须将中国经济置于纵向的时间维度中。这种维度包括世界与中国两个方面：一是世界经济发展动态。中国经济是世界经济的重要组成部分，尤其是这些年来我国执行的开放政策，中国经济越来越与世界经济深度联系，世界经济全球化、一体化趋势不可逆转，中国经济必将以更加开放的姿态融入当代世界经济发展潮流。二是中国经济发展的动态。从社会形态更替角度讲，中国现行经济运行是中国经济史的一部分，我们既要把它置于中国经济发展历史长河中来观察，也要把它当作现代经济发展过程去把握，这就是唯物史观的方法。一代人有一代人的使命和担当，当代中国人的使命就是要坚持以经济建设为中心不动摇，集中全力发展中国经济，并在此基础上推动综合国力提升，实现中华民族的伟大复兴，最终实现中国人民的幸福生活。

研究和推动当代中国经济发展，也必须将中国经济置于横向的空间维度中。这种维度仍包括世界与中国两方面：一是世界经济发展空间。人类只有一个地球，我们共同生活在这个家园中，"同在屋檐下"，人类一切经济活动都在这里发生和发展着。当代中国作为世界第二大经济体，更是一个不可以被忽略的存在。研究中国经济发展，必须把中国经济纳入世界经济发展系统中去考量，坚持人类经济命运共同体理念，合理使用地球资源、共同保护地球资源，以增强经济发展的持续性；在全球化过程中秉承开放包容态度、实现合作共赢，制定符合人类经济生活的社会规则、遵守世界经济规则，在世界经济全球化、区域经济一体化过程中做出更大贡献。二是中国区域经济发展空间。区域经济发展是一个相互联系的整体，但当代中国区域经济发展，也还存在着传统与现代、沿海与内地，以及东中西部发展不平衡等问题。实施区域经济协调发展战略，要继续坚持东部趋优、中部崛起、西部大开发、振兴东北的发展战略，加快老少边穷地区发展；要积极推动长三角、珠三角、京津冀区域一体化，促进各区域内协同发展，推动粤港澳大湾区、长江经济带、黄河经济带建设，继续保持"一带一路"建设良好势头。通过促进国内区域经济发展，为中国经济走向世界奠定坚实的基础。

三、推动中国特色社会主义经济建设发展理论指南

李达研究经济学有着鲜明的目标指向。他从唯物史观出发研究人类社会经济结构，是为了揭示人类社会发展的深层动因；他从经济学原理出发研究各种社会形态的经济学，是为了揭示人类社会发展规律。李达通过研究所揭示的规律，可以为中国特色社会主义经济建设提供理论指南。

1. 揭示社会主义和共产主义的经济建设规律

李达对社会主义和共产主义的探索，贯穿其一生。他早年主张社会革命、坚信社会主义、积极宣传社会主义，他指出社会主义目的是救济经济上不平均、恢复人类真正平等状态，率先将社会主义与经济问题、政治问题和社会问题联系起来，既宣传了他的社会主义主张，又初步介绍了社会主义理论，并同各种非社会主义思潮进行了论战。中年李达转入了马克思主义哲学和经济学研究，他从人类社会经济构造出发，强调要对社会主义和共产主义进行观照，并撰写了许多有关社会主义经济构造的著作和文章。新中国成立后，李达又以极大热忱投入社会主义教育事业，高度关注社会主义经济建设，热情歌颂我国经济建设成就，但当他发现建设中混淆了社会主义和共产主义经济规律后，就对"左"倾错误进行了坚决抵制，最后以生命为代价捍卫了马克思主义真理。从这个意义上说，李达为社会主义和共产主义真理而奋斗终生。

李达的社会主义经济学理论，源于他对"中国向何处去"的时代之问的思考。他认为，社会改造主要是经济的改造，社会革命不是在哲学中去探求，而是发生在现代社会经济状态的变动之中。社会主义是万人协同、劳动万能、社会公有的主义，是打破经济束缚、恢复群众自由的主义，是救济经济上不平均的主义，是解决社会问题的根本办法。李达立足于马克思主义哲学和政治经济学，撰写的相关著作都对社会主义经济进行了不同程度的论述。李达还从社会主义和共产主义是同一社会形态两个不同阶段出发，对其经济进行了比较和区别。在研究侧重面上，李达以社会现存经济制度为重点，但又强调各种现存经

济制度代表着不同方向。因此他主张经济学研究在各种社会形态或同一社会形态不同发展阶段都应有所区分，都应分门别类地研究。这种观点和方法同样适用于研究当代社会经济体系。

根据唯物史观社会形态基本原理，李达的共产主义两个发展阶段理论反映了世界社会主义五百年的阶段性发展历程。社会主义来到人间，从萌芽到产生、从空想到科学、从理论到实践、从一国到多国、从西方到东方、从胜利到挫折、从中国到世界，经历了波澜壮阔的历程。当时的社会主义阵营曾有红遍全球之势，新生的社会主义制度极大地促进了各国经济社会发展，社会主义的苏联一度成为可与美国抗衡的超级大国，但由于各种原因，导致 1989 年东欧剧变、1991 年苏联解体，中国经受了重大考验，社会主义阵营遭受到重大挫折，国际共产主义运动陷入低潮。现存的包括中国在内的社会主义国家，在全球 220 多个国家和地区之中属于少数。在这样的背景下，重新解读李达的社会主义和共产主义经济学原理，尤其是把握"两个必然"和"两个绝不会"的基本规律，对于我们坚定社会主义和共产主义理想信念，指导社会主义和共产主义经济建设具有特别重要的意义。

2. 推动中国特色社会主义经济建设理论指南的发展

唯物史观视域下的李达经济学思想特别强调要研究中国经济，至今仍是指导我国经济学研究的重要法宝。其意义在于，既要依据马克思主义基本原理，又要坚持以我们正在做的事情为中心，需要汇聚各方智慧和力量，也需要始终保持战略定力。当代中国特色社会主义经济建设面临着许多国内外压力。

在国内，改革开放四十年来中国经济建设取得了巨大成绩，但深层次结构性矛盾也比较突出。当前国内经济发展压力集中体现在：中国经济由过去高速增长转为中高速增长，近年来中国经济增长下行压力较大；随着新时代中国社会主要矛盾变化，中国经济由过去主要关注量的增长转变到现在特别重视质的提高，推动着中国经济转型升级和高质量发展；中国经济区域发展不平衡，必须综合考虑东中西部和东北老工业基地、老少边穷地区的经济协调发展；被称为经济增长"三驾马车"的贸易、投资与消费，由于发达国家增设贸易壁垒特别是贸易战的影响，中国经济主动转入内需型（消费与投资）发展；坚持积极的财政政策和稳健的货币政策，在人民币升值问题上要持谨慎态度；适应新的产业变革和科技革命需要，贯彻新发展理念；面对数字经济、分享经济、平台经济等新业态，如何有效监管并确保健康发展；平衡公有制经济和民营经济、实体经济与虚拟经济发展，建设中国现代化经济体系；如何提升抵御各种风险的能力等，都是中国经济必须面对的现实问题。

国际上，当代中国经济发展的国际条件发生了深刻变化，面临着诸多压力。

特别是近年来的围堵和打压，"岛链计划"和贸易战争阻挠中国经济发展；中国奉行"合作共赢"并主张走和平发展道路，与美国奉行"美国优先"并推行霸权主义的冲突难以避免，贸易摩擦与地缘政治风险不断升级；"唱衰中国"与"捧杀中国"并行，"中国经济崩溃论"从未停止，有些国家不时兴风作浪打击我国经济发展信心，捧杀中国的目的是为了让我们承担更多的国际责任，但也易使人头脑发昏，忘掉中国处于并将长期处于社会主义初级阶段的基本国情；经济全球化和逆全球化并行、经济单边主义和多边主义交锋，始终面临着维护国际准则与破坏这些准则的斗争；我国拥有世界上最完整的工业体系，但"中国制造2025"也面临着挑战；当今世界产业链、销售链错综复杂，中国成为世界工厂，但在国际产业分工中有不少还处于价值链底端，需要付出资源消耗、环境污染和人力资本的代价；适应新一轮产业和科技变革需要，中国经济面临着增长动能转换、科技创新驱动、产业提档升级，科技战已成潜在威胁；一些新兴市场国家发展迅速、增长强劲，这种竞争态势也给中国经济发展带来了许多有形或无形的压力。这些压力，都是来自现实的国际环境。

当代中国经济建设中出现的这些新情况新问题、面临的这些新形势新任务，马克思主义经典著作没有现成答案，李达经济学思想也没有提到。如何解决这些新难题，需要我们创造性地加以解决。李达经济学思想包含的马克思主义精神，他针对时代问题而采用的研究方法，或许较经济学思想本身更能给中国特色社会主义经济建设以启示。

四、正确认识资本主义新变化的观察工具

当今时代，建设中国特色社会主义经济离不开正确认识资本主义的新变化。李达探索经济学时代，正值自由竞争的资本主义转入垄断的资本主义即帝国主义时代，其经济学所揭示的规律和采用的方法，仍是认识和分析当代资本主义新变化的观察工具。

1. 当代资本主义国家新变化未改其本性

李达所处的时代，资本主义向外扩张的本性、帝国主义贪婪的本性展露无遗，资本主义野蛮侵略的本性、帝国主义垄断的本性给殖民地人民带来了深重灾难。数十年过去了，资本和帝国主义的本性难以改变，其造成的危害是世界的灾难。

20世纪前半叶资本主义国家发动了两次世界大战，第一次世界大战以帝国主义重新瓜分世界为结局，第二次世界大战后逐渐演变而成的冷战又以资本主义最大获利而结束，这些表明列宁所概括的帝国主义特征没有变，其侵略、扩

张、贪婪的本性也没有变。冷战结束以后，世界出现一超多强的新格局，全球范围内的资本主义和社会主义力量对比发生了重大变化，资本主义阵营占据了世界上国家和地区的绝大多数，但资本主义体系内部也发生了分化，发达资本主义国家成了世界的主导，发展中资本主义国家也被边缘化，同样沦为发达国家剥削和掠夺的对象。在此过程中，资本主义国家政治、经济、文化、科技等方面出现了一系列新变化，如垄断资本与国家政权相结合，国家垄断资本主义出现并逐步得到加强；新一轮科技革命兴起并产生了广泛影响，经济全球化和区域经济一体化深入发展，国家垄断与私人垄断朝着国际垄断方向发展；资本主义国家吸收一些社会主义因素，开始加强国家宏观调控，使其国民经济打上了社会资本主义烙印；战争与革命被和平与发展的时代主题所取代，世界经济整体上获得了极大发展；金融资本统治进一步加深等。当今世界，经济全球化、政治多元化、文化多样化明显，资本主义国家与社会主义国家、发达国家与发展中国家等关系发生重大变化。当代资本主义强国，利用其先进的科技、强大的经济和军事实力以及意识形态优势贪婪地统治着世界。如利用先进的科学技术，垄断着全球价值链顶端，以实现经济利益最大化；利用强大的经济实力特别是金融实力，垄断着全球生产、贸易和投资，实施"长臂管辖"，以抢占资本红利；利用强大的军事实力，肆意干涉他国内政，角力世界资源竞争；利用意识形态话语权，在全球"隔空喊话"，兜售西方价值观。这一切表明，当代资本主义新变化并没有改变其本性，是当代的新殖民主义。

李达的《经济学大纲》《货币学概论》等著作，既遵循了马克思《资本论》所揭示的资本主义生产、交换、流通和消费过程原理，又吸收了列宁的帝国主义理论，采纳了斯大林的资本主义经济危机理论。李达通过这些著作，对垄断资本主义本性进行了深刻揭露，对帝国主义发展规律和基本特征有了深刻把握，对资本主义发展态势也有了深刻认识。我们要正确认识当代资本主义发生的新变化，准确把握其动向和本质，重新研读李达的经济学著作和文章仍具有重要的意义。

2. 当代资本主义经济社会有新变化但其规律未变

李达根据唯物史观基本原理特别是从马克思主义"五种社会形态"理论出发，又对资本主义发展阶段进行了细分：自由竞争的资本主义和垄断的资本主义，并分析了资本主义发展到垄断阶段的一些特征。

19世纪末20世纪初，在自由竞争的资本主义向垄断的资本主义发展过程中，帝国主义经济特征得到充分展现。列宁的《帝国主义是资本主义最高阶段》一书将帝国主义基本经济特征概括为五个方面①，指出帝国主义是资本主义最高阶段和最后阶段。但又经过上百年的发展，帝国主义论所说的"最后阶段"不仅还没有到来，资本主义经济、科技反而有了很大发展，甚至还出现了20 世纪 50—70 年代的"黄金时期"；垄断推进了生产和资本集中，集中又反过来加剧了垄断，如此循环，推动了当代资本主义发展；资本主义社会阶级结构也发生很大变化，白领阶层逐渐增多，蓝领阶层日益减少，劳动者文化水平普遍得到提高，社会阶级矛盾似乎有所缓和；资本主义国家普遍实行高福利制度，劳动生产率极大提高，工人劳动条件得到改善。当代资本主义社会的科学技术、劳动者素质、生产力水平都有提高，资本主义垄断又有新的发展，生产社会化程度进一步提高，跨国公司遍布地球五大洲，成为全球经济竞争的主体；资本主义自我调节能力也得到增强，等等。这些表现，使得帝国主义好像变成了垄而不断、腐而不朽、垂而不死的资本主义！

如何看待上述新变化，需要透过现象看本质。"改良主义是资产阶级对工人的欺骗"②，帝国主义垄断仍是帝国主义最基本特征，金融资本发挥着非常重要的作用，资本家国际联盟共同瓜分着世界，最重要的是帝国主义阶段社会化大生产和私人占有之间的基本矛盾没有消除，由此导致的经济危机或金融危机不仅没有消除，反而连绵不绝，这些危机表面看似由经济原因引起，实则源于列宁概括的帝国主义特征没有变。李达的资本帝国主义理论源于马列主义，它所揭示的资本帝国主义发展规律，仍对分析和研究当代资本主义经济社会新变化具有重要的指导意义。

当代资本主义国家和经济社会的新变化，既没有改变其本性，也没有改变其规律，置身于资本主义占主导的现代社会，更需要清醒认识人类社会发展规律，看清时代发展大势。当下特别要思考的是，一些发达国家肆意妄为，运用政治、经济、军事、科技等手段，对我国经济发展、科技进步、社会稳定、人民幸福、民族复兴实施破坏和阻碍，我们应该如何保持战略定力，坚持以经济建设为中心不动摇，集中精力做好自己的事情。时代大考要求我们必须对新帝国主义理论有较好的把握，李达的资本帝国主义理论能给我们以深刻启示。

---

① 列宁帝国主义论的经济特征：垄断组织在经济生活中起决定作用、金融寡头形成、资本输出有了特别重要的意义、瓜分世界的资本家国际垄断同盟已经形成、最大的资本主义列强已把世界领土分割完毕。

② 列宁：《马克思主义和改良主义》，载《列宁选集》第 2 卷，人民出版社 1995 年 6 月 3 版，第327 页。

结语　时代意识与马克思主义哲学中国化

任何真正的哲学都是自己时代精神的精华。意即真正的哲学能够引领时代发展，推动时代前进，对时代实践成果进行正确的理论概括和总结。哲学问题是时代的产物，具有明显的时代特征。"哲学家的成长并不像雨后的春笋，他们是自己的时代、自己的人民的产物，人民最精致、最珍贵和看不见的精髓都集中在哲学思想里。"① 这表明，哲学问题是一定时代的问题在人们精神上的反映。

李达所处的时代，正值世界"三千年未有之变局"时代。国际帝国主义掀起瓜分世界的狂潮，世界无产阶级革命风起云涌，被压迫的民族和殖民地人民奋起反抗，人类社会发展中首次诞生了社会主义，新生的社会主义制度展现了蓬勃的生机和活力。那个时代，是帝国主义疯狂瓜分世界的时代，世界上落后的国家和民族先后被迫成为发达资本主义国家的殖民地和半殖民地，被压迫的国家和民族的领土、主权受到侵略，处于政治上不能自主、经济上不能自给的状态，人民生活陷于水深火热之中；那个时代，是无产阶级革命的时代，在无产阶级革命理论的指导下，"全世界无产者联合起来"，向封建主义和资本主义进行坚决的斗争，俄罗斯苏维埃联邦社会主义共和国成为人类历史上第一个社会主义国家，在其影响和带动下，世界无产阶级革命陆续取得了胜利；那个时代，是社会主义初步探索的时代，社会主义国家获得真正的解放，各国人民翻身做了主人，以巨大的热情投入社会主义经济建设、政治建设和文化建设中，社会生产力获得了极大的解放，社会主义制度优越性得到充分的展现。那个时代，哲学应思考世界怎么样、中国怎么办的问题。

李达所处的时代，也是中国社会经历了旧民主主义革命、新民主主义革命、社会主义革命和社会主义建设的时代。在那个时代，帝国主义列强用坚船利炮打开了中国大门，掀起了对中国疯狂瓜分的狂潮，而中国则由于被迫签订的一系列不平等条约，一步步地陷入了半殖民地半封建社会的深渊；在那个时代，

---

① 《马克思恩格斯全集》第一卷，人民出版社 1956 年 12 月版，第 120 页。

生活在腐朽的封建制度下、受割据的封建军阀统治和频繁的战乱侵害的中国人民，经济极度贫困，政治极度压迫，精神极度压抑，生活极度痛苦；在那个时代，中国人民进行了无数次的反抗，包括对帝国主义殖民侵略的反抗，对封建主义盘剥奴役的反抗，对官僚资本主义剥削压迫的反抗，书写了可歌可泣的历史；在那个时代，中国民主主义革命经过艰苦卓绝的斗争，经历旧、新两个阶段的发展，都取得了标志性胜利，最终推翻了封建制度，建立了中华人民共和国，为新中国经济建设奠定了基础；在那个时代，新中国经过了曲折的探索历程，它为后来开启改革开放、走上中国特色社会主义建设道路，积累了正反两方面经验。那个时代，哲学应思考中国向何处去、中国革命如何开展的问题。

当今时代，世界正处于"百年未有之大变局"。世界多极化、经济全球化、文化多元化、社会信息化加速推进，大国关系深度调整，多边主义成为国际政治主流。但是，为了避免陷入全球政治经济边缘地位，一些国家民粹主义与经济民族主义也在兴起，少数国家奉行自己优先、推行单边主义正侵蚀着世界各国之间政治互信的基础；经济全球化持续发展，世界经济格局深刻演变，2008年国际金融危机对全球经济的影响远未消除，新冠肺炎疫情使世界经济陷入了新的危机，新兴市场国家正在成为经济全球化的主要驱动力量，国际货币体系多元化或去美元化获得新动力，经济全球化大势不可逆转，和平与发展仍是时代主题，中国在解决世界性难题中越来越发挥着不可替代的作用，我国发展仍处于重要战略机遇期。面对动荡不安的世界、百年不遇的变局，如何把握好"危"与"机"关系，化危为机、变压力为动力，成为新的时代命题。这个时代，哲学应思考世界怎么办、如何完善全球治理的问题。

当代中国，中国特色社会主义进入新时代。但中国的发展从来都不是一帆风顺的，我们遇到了来自世界各国竞争的压力、逆全球化和贸易保护主义的压力，也遇到了国内转型升级、解决新时代主要矛盾的压力。这个时代，哲学应思考世界怎么了、我们怎么办的问题。

由此看来，每个时代都有每个时代的任务，每一代人都有每一代人的使命。我们必须牢固树立"时代"意识，学会从哲学上思考时代问题，推进马克思主义哲学经济学中国化。哲学是对世界的某种归纳和推测，理论时代化的本质就是哲学理论创新，它反映了时代的呼声，代表了时代的期盼。中国特色社会主义进入新时代，但"一个民族要想站在科学的最高峰，就一刻也不能没有理论思维"[1]。马克思主义唯物史观和经济学，其逻辑性、真理性、革命性具有理论本身的魅力，能够强烈地吸引青年。李达授课受到青年学生追捧，一方面是他

---

[1] 《马克思恩格斯全集》第三卷，人民出版社1956年12月版，第467页。

自身努力的结果，另一方面也是理论本身的魅力。李达作为马克思主义理论大家，他本身散发着理论的魅力。理论的生命力在于不断创新，因为它是科学的理论、人民的理论、实践的理论、发展的理论、开放的理论，它不是教条而是行动的指南，它始终伴随着实践的发展而发展。当然，在马克思主义普及和推广过程中也会出现许多问题，甚至要经过激烈论争，诚如列宁所说，马克思理论"在其生命的途程中每走一步都得经过战斗"①。但只要扎根于时代和实践，不断推动理论创造性转化、创新性发展，马克思主义就能在时代发展中永具魅力、永不过时。

具体到经济学理论，世界经济全球化趋势不可逆转，但在经济全球化过程中确实遇到了一些曲折，它向我们提出了如何完善全球经济治理的时代命题。我们知道，历史上每一次社会的更替，无不是经过长期的艰苦的曲折的斗争，任何一种新社会制度的成长也都要经历从不成熟到逐步成熟的过程。当代资本主义国家经历了工业化、去工业化、再工业化、工业制造计划几个阶段，但是，经济发展有其自身规律，任何人为的干涉都无济于事。每个国家要想发展，都必须遵从历史规律、顺应时代潮流。在当代，我们要正确认识当代资本主义世界的新变化，如同列宁所说，"建筑铁路似乎是……，实际上，资本主义的线索像千丝万缕的密网，把这种事业同整个生产资料私有制连结在一起"②。我们必须用现代眼光，结合时代问题，站在哲学高度审视我们的经济学理论，致力于马克思主义经济学中国化。因为西方经济学理论整体上是从西方经济发展实践中抽象出来的理论，其背景、条件和过程皆与我国不同，它的理论结论本身并不一定适合中国国情。中国经济的出路在于走自己的路，探索出中国人自己的经济学理论。当然，我们也不拒斥西方经济学理论，相反还要吸收和借鉴它们探索经济规律的方法，以为发展中国经济服务。只有这样，我们才能真正领会李达等老一辈理论大家留下的宝贵精神财富；也只有这样，我们才能在"世界百年未有之大变局"下立志报国，追求真理，奋发有为。我们今天回顾李达那个时代，重读李达留下的卷帙浩繁的著作，更能体会到他当年那种至真至诚的报国之心、不屈不挠的报国之志。这才是我们今天的国人学习、研究李达的思想和方法应该掌握的真谛。

最后，在本书即将结束的时候，笔者还想就研究过程中体会到的"李达精

---

① 列宁：《马克思主义和修正主义》，载《列宁选集》第 2 卷，人民出版社 1995 年 6 月 3 版，第 1 页。

② 列宁：《帝国主义是资本主义的最高阶段》，载《列宁选集》第 2 卷，人民出版社 1995 年 6 月 3 版，第 578 页。

神"进行简短概括：一是李达是真正的硬骨头。李达对马克思主义的信仰，经受了日占区、国统区那些凶险和艰难日子的考验，没有因威逼利诱而屈服；为了维护真理，没有因为权力而回避，他与毛泽东的争论，对林彪"顶峰论"的批评，体现了他对马克思主义的信仰。二是李达是真正的战斗英雄。他是建党前后理论论争的主将，是 20 世纪 30 年代社会性质论争的旗手，也是新中国成立后思想批判的勇士，难怪毛泽东当面评价他是"黑旋风李逵"，说胡适、梁启超、张东荪、江亢虎这些大人物都挨过李达的板斧，称赞李达是"理论界的鲁迅"。三是李达是真正的理论旗手。从早年立志报国，到苦苦寻求革命道路，到最终选择马克思主义，李达学习、宣传、研究和坚守马克思主义，贯彻其终生，他在新民主主义革命、社会主义革命和社会主义建设的各个时期，都发挥了很好的理论旗手作用，是中国马克思主义史上的"百科全书式的"理论大家。

参考文献

一、著作类

1. 汪信砚 . 李达全集（1—20 卷）［M］. 北京：人民出版社，2016.

2. 周可，汪信砚 . 李达年谱［M］. 北京：人民出版社，2016.

3. 宋镜明 . 李达传记［M］. 武汉：湖北人民出版社，1986.

4. 宋镜明 . 李达［M］. 石家庄：河北人民出版社，1997.

5. 宋镜明 . 李达与武汉大学［M］. 太原：山西教育出版社，1999.

6. 宋俭，宋镜明 . 李达卷（中国近代思想家文库）［M］. 北京：中国人民大学出版社，2015.

7. 王炯华 . 李达与马克思主义哲学在中国［M］. 武昌：华中理工大学出版社，1998.

8. 王炯华等 . 李达评传［M］. 北京：人民出版社，2004.

9. 丁小强，李立志 . 李达学术思想评传［M］. 北京：北京图书馆出版社，1999.

10. 吕芳文，余立志 . 一代哲人李达［M］. 长沙：岳麓书社，2001.

11. 马伯良，蒋正洁 . 怀念李达［M］. 香港：香港天马图书有限公司，2001.

12. 唐春元 . 毛泽东与李达：肝胆相照四十年［M］. 北京：中央文献出版社，2003.

13. 谢红星，梅雪 . 李达与毛泽东的哲学交往［M］. 北京：中国社会科学出版社，2010.

14. 苏志宏 . 李达思想研究［M］. 成都：西南交通大学出版社，2004.

15. 罗海滢 . 李达唯物史观思想研究［M］. 广州：暨南大学出版社，2008.

16. 陈光辉 . 李达画传［M］. 北京：人民出版社，2010.

17. 苏小桦 . 李达哲学实现路径及贡献［M］. 成都：西南交通大学出版

社，2012.

18. 曲广娣. 李达法学思想研究 ［M］. 北京：中国政法大学出版社，2012.

19. 丁兆梅. 李达社会主义思想研究 ［M］. 北京：人民出版社，2014.

20. 郭湛波. 近五十年中国思想史 ［M］. 济南：山东人民出版社，1997.

21. 黄楠森，庄福龄，林利. 马克思主义哲学史（第1—8卷）［M］. 北京：北京出版社，1996.

22. 陶德麟. 陶德麟文集 ［M］. 武汉：武汉大学出版社，2005.

23. 陶德麟，汪信砚. 马克思主义哲学的当代论域 ［M］. 北京：人民出版社，2005.

24. 陶德麟，何萍. 马克思主义哲学中国化的理论与历史研究 ［M］. 北京：北京师范大学出版社，2011.

25. 汪信砚. 全球化、现代化与马克思主义哲学中国化 ［M］. 武汉：武汉大学出版社，2010.

26. 汪信砚. 马克思主义哲学概论 ［M］. 北京：人民出版社，2011.

27. 汪信砚. 范式的追寻——作为范式的马克思主义哲学中国化研究 ［M］. 北京：人民出版社，2014.

28. 何萍、李维武. 马克思主义中国化探论 ［M］. 北京：人民出版社，2004.

29. 何萍. 马克思主义哲学史教程（上下卷） ［M］. 北京：人民出版社，2009.

30. 孙伯鍨. 马克思主义哲学的历史与现状（上下卷）［M］. 南京：南京大学出版社，2004.

31. 刘林元等. 中国马克思主义哲学史（上、下册）［M］. 南京：江苏人民出版社，2007.

32. 俞可平. 全球化时代的"马克思主义" ［M］. 北京：中央编译出版社，1998.

33. 段忠桥. 重释历史唯物主义 ［M］. 南京：江苏人民出版社，2009.

34. 王东. 马克思学新奠基：马克思哲学新解读的方法论导言 ［M］. 北京：北京大学出版社，2006.

35. 房广顺. 马克思主义整体性研究 ［M］. 北京：中国社会科学出版社，2012.

36. 吴汉全. 中国马克思主义学术史概论》（1919—1949）［M］. 长春：吉林人民出版社，2010.

37. 张雷声. 马克思主义理论学科体系建构与建设研究 ［M］. 北京：经济科学出版社，2011.

38. 吴雁南．中国近代社会思潮 1840—1949》（1—4 卷）［M］．长沙：湖南教育出版社，2011.

39. 朱汉民．湖湘文化通史［M］．长沙：岳麓书社，2015.

40. 吴德勤．经济哲学——历史与现实［M］．上海：上海大学出版社，2002.

41. 唐正东．斯密到马克思——经济学哲学方法的历史性诠释［M］．南京：南京大学出版社，2002.

42. 张一兵．回到马克思——经济学语境中的哲学话语［M］．南京：江苏人民出版社，2003.

43. 张雄，鲁品越．中国经济哲学评论·资本哲学专辑［M］．北京：社会科学文献出版社，2007.

44. 余源培．马克思主义经济哲学及其当代意义［M］．上海：复旦大学出版社，2010.

45. 汤在新．马克思经济学手稿研究［M］．武汉：武汉大学出版社，1993.

46. 顾海良．马克思经济思想概论［M］．北京：经济科学出版社，2008.

47. 顾海良．中国特色社会主义政治经济学史纲［M］．北京：高等教育出版社，2018.

48. 顾海良．人间正道是沧桑——世界社会主义五百年［M］．北京：中国人民大学出版社，2018.

49. 孙承叔．资本与社会和谐［M］．重庆：重庆出版社，2008.

50. 洪银兴．资本论与马克思主义经济学中国化［M］．北京：经济科学出版社，2009.

51. 周俭初、孙耀武．资本论学习与探索［M］．北京：人民出版社，2012.

52. 聂锦芳．《资本论》及其手稿再研究［M］．北京：经济科学出版社，2013.

53. 聂锦芳、彭宏伟．马克思《资本论》研究读本［M］．北京：中央编译出版社，2013.

54. 程恩富．马克思主义经济学研究（第 2 辑）［M］．北京：中国社会科学出版社，2012.

55. 姚遂．中国金融思想史［M］．上海：上海交通大学出版社，2012.

56. 赵德馨．中国近现代经济史（1842—1991）［M］．厦门：厦门大学出版社，2013.

57. 郑异凡．新经济政策的俄国——苏联史（1—3 卷）［M］．北京：人民出版社，2013.

58. 杨兴业. 唯物史观视阈中的马克思科学货币观 [M]. 北京：光明日报出版社，2012.

59. 中央宣传部理论局. 马克思主义哲学十讲 [M]. 北京：学习出版社，2013.

60. 马新晶. 唯物史观视阈中的交往理论研究 [M]. 北京：中国社会科学出版社，2013.

61. 中央宣传部理论局. 世界社会主义五百年 [M]. 北京：学习出版社，2014.

62. 陈学明、俞可平等著. 用另一只眼睛观察当代资本主义 [M]. 重庆：重庆出版社，2009.

63. 庞仁芝. 当代资本主义基本问题研究 [M]. 北京：人民出版社，2015.

64. 蒯正明. 美国金融经济危机与当代资本主义的现实困境 [M]. 北京：中国社会科学出版社，2018.

65. 王令金. 马克思主义中国化的历史进程及其规律 [M]. 北京：中央编译出版社，2014.

66. 赵美玲. 马克思主义中国化与中国经济现代化 [M]. 南开：南开大学出版社，2012.

67. 卫兴华，洪银兴等. 社会主义经济理论研究集萃（2017）：开启新时代的中国经济 [M]. 北京：经济科学出版社，2018.

68. ［日］河上肇. 马克思主义经济学基础理论 [M]. 李达等译. 北京：昆仑书店，1928.

69. ［美］约翰·E. 罗默. 在自由中丧失：马克思主义经济哲学导论 [M]. 段忠桥，刘磊译. 北京：经济科学出版社，2003.

70. ［美］詹姆斯·奥康纳. 自然的理由——生态学马克思主义研究 [M]. 唐正东，臧佩洪译. 南京：南京大学出版社，2003.

71. ［英］鲍勃·密尔沃德. 马克思主义政治经济学：理论、历史及其现实意义 [M]. 陈国新等译. 昆明：云南大学出版社，2004.

72. ［德］费彻尔. 马克思与马克思主义：从经济学批判到世界观 [M]. 赵玉兰译. 北京：北京师范大学出版社，2009.

73. ［澳］尼克·奈特李达与马克思主义哲学在中国 [M]. 汪信砚，周可译. 北京：人民出版社，2018.

二、论文类

1. 龚育之. 李达发表《中国社会发展迟滞的原因》[J]. 中国二十世纪通

鉴，1960（1）.

2.《李达文集》编辑组．李达同志生平事略［J］．武汉大学学报（哲学社会科学版），1981（1）.

3. 张腾霄．始终沿着马克思主义的理论道路前进——读《李达文集》第一卷［J］．教学与研究，1981（3）.

4. 韩树英．评李达早期的唯物史观著作——读《李达文集》第一卷［J］．哲学研究，1981（3）.

5. 李其驹．中国马克思主义启蒙思想家李达的早期活动［J］．河南师大学报（社会科学版），1981（3）.

6. 李其驹．迈出可贵的步伐——李达在 1922—1927 年期间的理论活动［J］．河南师大学报（社会科学版），1981（6）.

7. 宋镜明，刘捷．李达年表（1890—1966）［J］．江汉论坛，1981（3）.

8. 宋镜明．李达主要著译书目［J］．图书情报知识，1985（12）.

9. 宋镜明．李达对中共创建的思想理论贡献［J］．求索，2000（10）.

10. 宋镜明．论李达在建党时期思想论争中的重要作用［J］．中共党史研究，2011（4）.

11. 宋镜明，李斌雄．论李达在建党时期的历史地位［J］．马克思主义研究，2011（7）.

12. 陈殿云．李达在建党前传播的唯物史观及其历史作用［J］．求索，1983（5）.

13. 徐痴．读李达的《法理学大纲》［J］．法学研究，1984（6）.

14. 刘道玉．继前贤革命风范——纪念李达同志九十五周年诞辰［J］．武汉大学学报（社会科学版），1985（6）.

15. 梁兢．纪念李达同志诞辰九十五周年［J］．湖南党史通讯，1985（11）.

16. 蒋良金．李达在零陵活动片断［J］．湖南党史通讯，1985（11）.

17. 陶德麟．李达同志是杰出的马克思主义理论家和教育家——纪念李达同志九十五周年诞辰［J］．武汉大学学报（社会科学版），1986（4）.

18. 陶德麟．杰出的马克思主义理论家李达［J］．武汉大学学报（人文社会科学版），2000（11）.

19. 陶德麟．缅怀李达老校长——在纪念李达同志重建武汉大学哲学系 50 周年大会上的讲话［J］．武汉大学学报（人文科学版），2007（3）.

20. 陶德麟．缅怀李达老校长［J］．马克思主义哲学研究，2007（3）.

21. 赵德志．李达的《社会学大纲》在中国马克思主义哲学发展史上的地位［J］．社会科学辑刊，1987（8）.

22. 李富轩.《李达与马克思主义哲学在中国》出版 [J]. 毛泽东邓小平理论研究，1987（10）.

23. 李小萍. 五十年代中期后李达与毛泽东的思想分歧 [J]. 华中理工大学学报（社会科学版），1988（8）.

24. 王炯华. 李达三十年代哲学著译对毛泽东哲学思想的影响 [J]. 毛泽东邓小平理论研究，1989（4）.

25. 李步楼. 学习李达研究李达的新成果——读《中国现代哲学与文化思潮（续集）》[J]. 江汉论坛，1992（6）.

26. 易国喜. 我国早期马克思主义传播的共性和特性研究——李大钊、陈独秀、李达早期传播马克思主义之比较 [J]. 山东社会科学，1997（5）.

27. 王炯华. 李达《法理学大纲》述评 [J]. 华中科技大学学报（人文社会科学版），2002（12）.

28. 王践，柳礼泉. 李达研究综述 [J]. 湖南大学学报，1990（12）.

29. 石曼华. 怀念李达 [J]. 湖南党史月刊，1990（12）.

30. 杨邦国，唐国安，刘建平. 纪念李达诞辰 100 周年座谈会综述 [J]. 湖南党史月刊，1990（12）.

31. 雍涛. 坚持和发展马列主义毛泽东思想的典范——纪念李达同志 100 周年诞辰 [J]. 武汉大学学报（社会科学版），1990（6）.

32. 雍涛. 李达与毛泽东哲学思想的形成和发展 [J]. 武汉大学学报（人文社会科学版），2000（11）.

33. 雍涛. 李达与马克思主义哲学中国化——纪念李达诞辰 115 周年 [J]. 马克思主义哲学研究，2006（8）.

34. 尹进. 李达《货币学概论》的写作前后及出版的伟大意义——纪念李达诞辰 101 周年 [J]. 经济评论，1991（10）.

35. 苏小桦. 李达哲学思想对毛泽东哲学思想的影响 [J]. 毛泽东思想研究，1998（7）.

36. 苏小桦. 毛泽东哲学思想对李达哲学思想的影响 [J]. 西南交通大学学报（社会科学版），2000（8）.

37. 苏小桦，段月. 李达《社会学大纲》体系的特点 [J]. 东方企业文化，2013（9）.

38. 苏小桦. 系统传播马克思主义时期李达的哲学实现路径及贡献 [J]. 毛泽东思想研究，2014（5）.

39. 叶世昌，马涛. 李达在民主革命时期的经济思想 [J]. 河南师范大学学报（哲学社会科学版），2000（6）.

40. 胡乔木．深切地悼念伟大的马克思主义理论家李达同志——在纪念李达同志诞辰一百周年座谈会上的讲话［J］．武汉大学学报（人文社会科学版），2000（11）．

41. 白树震．论李达在早期马克思主义传播中的作用［J］．东北师大学报，2000（11）．

42. 朱传棨．论李达的三部著作的历史地位［J］．武汉大学学报（人文社会科学版），2000（11）．

43. 朱传棨．论李达的三部著作在马克思主义中国化历史中的重要地位［J］．马克思主义哲学研究，2006（8）．

44. 谢双明．湖湘文化对李达的影响［J］．湘潭大学社会科学学报，2002（2）．

45. 鸣镝，阳晴．李达与毛泽东半个世纪情［J］．文史春秋，2002（8）．

46. 廖雅琴．试论李达早期思想转变的原因［J］．广西社会科学，2002（8）．

47. 廖雅琴．论李达由爱国主义者到马克思主义者的转变［J］．理论界，2005（12）．

48. 李维武．李达所赋予马克思主义哲学的中国特色的性格——为纪念武汉大学110周年校庆而作［J］．武汉大学学报（人文科学版），2003（12）．

49. 李维武．李达所赋予马克思主义哲学的中国特色的性格［J］．马克思主义哲学研究，2006（8）．

50. 李维武．李达在《现代社会学》中对唯物史观的阐释［J］．马克思主义哲学研究，2008（3）．

51. 李维武．李达与马克思主义中国化［J］．中国社会科学报，2010（9）．

52. 李维武．李达对唯物史观的多向度开展［J］．武汉大学学报（人文科学版），2011（1）．

53. 李维武．新发现的李达著作《毛泽东对马克思主义认识论的发展》［J］．武汉大学学报（人文科学版），2013（5）．

54. 陈闻晋，徐琼．积求是风 育拓新才——李达教育思想和办学实践的新启示［J］．武汉大学学报（人文科学版），2004（3）．

55. 刘友红．"李达与马克思主义哲学中国化"专题研讨综述［J］．武汉大学学报（人文科学版），2004（9）．

56. 马木．"你是理论界的'黑旋风'"——毛泽东和李达［J］．档案时空（史料版），2005（9）．

57. 陈占安．坚持真理是科学家传统的宝贵品质——学习李达同志的真理

观 [J]. 中共福建省委党校学报，2006（8）.

58. 张玉玲. 论李达对马克思主义哲学中国化的贡献 [J]. 中州学刊，2006（7）.

59. 彭继红. 李达马克思主义哲学中国化之路的当代价值 [J]. 马克思主义哲学研究，2007（3）.

60. 卢毅. 20世纪30年代的"唯物辩证法热" [J]. 党史教学与研究，2007（3）.

61. 谢红星. 李达与毛泽东的哲学交往探析——兼论李达对马克思主义哲学中国化的贡献 [J]. 武汉大学学报（人文科学版），2007（3）.

62. 罗海滢. 李达经济学思想概观 [J]. 湖北社会科学，2007（9）.

63. 罗海滢. 先驱者的印记：李达传播马克思主义哲学的理论特色 [J]. 现代哲学，2008（5）.

64. 范迎春，李清聚. 李达的马克思主义哲学中国化道路探析 [J]. 西北工业大学学报（社会科学版），2008（12）.

65. 范迎春. 李达的"实践唯物论"思想探析 [J]. 湖北社会科学，2010（8）.

66. 范迎春，刘魁. 李达的马克思主义信仰历程及其当代启示 [J]. 学术论坛，2010（12）.

67. 曲广娣. 论湖湘文化及其对李达的影响 [J]. 湖湘论坛，2009（3）.

68. 时丽茹. 中国化与系统化的结合之道——李达独特的哲学探索 [J]. 武汉大学学报（人文科学版），2009（3）.

69. 曾昭武. 20世纪20—30年代唯物辩证法的传入与马佩先生的辩证逻辑 [J]. 河南大学学报（社会科学版），2009，49（4）.

70. 仇桂且. 李达1920—1921年对传播马克思主义的贡献——以《共产党》月刊为例 [J]. 湖北省社会主义学院学报，2009（12）.

71. 黄修卓. 李达唯物史观研究论析 [J]. 武汉大学学报（人文科学版），2010（5）.

72. 许全兴. 纪念李达，加强马克思主义基础理论的研究 [J]. 理论视野，2010（7）.

73. 张秀琴. 论李达对马克思意识形态概念的解读及其当代意义 [J]. 马克思主义哲学研究，2010（8）.

74. 唐贤健. 李达与《共产党》月刊 [J]. 湖南行政学院学报，2010（9）.

75. 常进军；李继华. 李达对中国社会主义道路的理论探索——纪念李达诞辰120周年 [J]. 理论导刊，2010（9）.

76. 汪信砚. 李达与武汉大学马克思主义哲学研究的学术传统［J］. 马克思主义哲学研究，2011（9）.

77. 汪信砚. 李达的马克思主义哲学研究范式及其深刻启示［J］. 江海学刊，2012（3）.

78. 汪信砚. 李达传播马克思主义的重要史实勘误之一——关于李达是否翻译过考茨基《马克思经济学说》的考辨［J］. 武汉大学学报（人文科学版），2012（11）.

79. 汪信砚. 李达传播马克思主义的重要史实勘误之二——关于李达是否翻译过马克思《政治经济学批判》的考辨［J］. 江汉论坛，2013（4）.

80. 汪信砚. 李达传播马克思主义的重要史实勘误（之三）——关于李达是否翻译过波卡洛夫等著《世界史教程》的考辨［J］. 山东社会科学，2013（9）.

81. 汪信砚，周可. 李达与毛泽东哲学思想的形成和发展［J］. 毛泽东研究，2013（4）.

82. 汪信砚. 马克思主义哲学在中国的传播与马克思主义哲学中国化［J］. 马克思主义研究，2013（8）.

83. 汪信砚. 马克思主义哲学中国化传统的形成和发展［J］. 哲学动态，2014（1）.

84. 汪信砚，李禾风. 新中国马克思主义哲学中国化的开启之作——李达《实践论》、《矛盾论》解说探论［J］. 武汉大学学报（人文科学版），2015（3）.

85. 汪信砚，郎廷建. 马克思主义经济学中国化的开启之作——李达的《中国产业革命概观》探论［J］. 湖北社会科学，2015（4）.

86. 郎廷建. 马克思主义经济学中国化的标志性成果——李达的《经济学大纲》探论［J］. 武汉大学学报（人文科学版），2015（3）.

87. 郎廷建. 李达对中国近代经济史的探索［J］. 马克思主义哲学研究，2015（6）.

88. 丁俊萍，虞志坚. 李达早期社会主义思想的民生特色［J］. 山东社会科学，2013（9）.

89. 虞志坚. 建党初期李达论土地问题与民生的关系［J］. 求索，2013（1）.

90. 余文兵，孙军. 试论李达及其《民族问题》中的马克思主义民族观［J］. 黑龙江民族丛刊，2011（2）.

91. 杨胜群. 一代先驱、哲人李达——纪念李达诞辰 120 周年［J］. 党的文献，2011（4）.

92. 李蓉．试论李达与毛泽东近半个世纪的交往 [J]．中国延安干部学院学报，2011（5）.

93. 武市红．李达与毛泽东关系浅论 [J]．毛泽东思想研究，2011（5）.

94. 唐洲雁，曾珺．新中国成立后李达对毛泽东思想研究宣传工作的重要贡献 [J]．湘潭大学学报（哲学社会科学版），2011（5）.

95. 孟昭庚．中共一大代表李达"文革"劫难 [J]．龙门阵，2011（8）.

96. 彭汉琼．坚定信念 捍卫真理——论李达晚年的历史功绩 [J]．江汉大学学报（社会科学版），2011（10）.

97. 唐正芒．李达在学校教育实践中对马克思主义大众化的贡献 [J]．[中国会议] 毛泽东研究 2011 年卷，2011（12）.

98. 李惠康，李芬芬．李达与中国共产党的成立 [J]．文史博览（理论），2011（12）.

99. 赵士发，葛彬超．李达对中国式现代化问题的创造性探索及其重要意义 [J]．武汉大学学报（人文科学版），2012（11）.

100. 赵士发，李亮华．李达对马克思主义中国化前提问题的反思及其重要启示 [J]．湖北社会科学，2015（4）.

101. 赵士发 刘建江．李达对马克思主义中国化问题的学理探析 [J]．毛泽东研究，2015（2）.

102. 李志．李达的女性理论——规范意义及中国女性解放的视角 [J]．武汉大学学报（人文科学版），2012（11）.

103. 李志．女性解放的可能性及其现实道路——李达女性解放理论的再思考 [J]．山东社会科学，2013（9）.

104. 丁兆梅．李达社会主义思想的形成发展轨迹 [J]．理论探索，2012（1）.

105. 谢霄男．李达对马克思主义哲学基本问题的正确阐释与理论创新 [J]．西南农业大学学报（社会科学版），2012（2）.

106. 谢霄男．略论李达对马克思主义哲学中国化、时代化、大众化的理论贡献 [J]．长春理工大学学报（社会科学版），2012（5）.

107. 杨传涛．论李达对马克思主义法学中国化的贡献 [J]．内蒙古农业大学学报（社会科学版），2012（2）.

108. 唐城．浅析李达艾思奇对"两论"的研究 [J]．党史文苑，2012（3）.

109. 程波．李达对中国近代法理学的贡献——从马克思主义法学方法意识的觉醒到"科学的法律观"的运用 [J]. 岳麓法学评论, 2012 (5).

110. 麻星甫. 李达 1932 年—1937 年在北平 [J]. 北京党史, 2012 (5).

111. 魏雪莲. 留日先进知识分子对创立中国共产党的历史贡献 [J]. 上海党史与党建, 2012 (6).

112. 尹世杰. 略论李达的经济思想 [J]. 武汉大学学报 (哲学社会科学版), 2012 (4).

113. 王丕琢. 党的创始人对中国社会主义道路的理论探索——以李大钊和李达为例 [J]. 红广角, 2012 (8).

114. 罗志峰. 李达批判性思维的实践及意义考察 [J]. 人民论坛, 2012 (9).

115. 景金, 闵玉婷. 论李达早期的唯物史观及其历史地位 [J]. 淮海工学院学报 (人文社会科学版), 2012 (11).

116. 本志红. 李达的现代化思想及其重要意义 [J]. 学术探索, 2012 (12).

117. 鲁涛, 莫志斌. 李达史学思想研究的回顾与前瞻 [J]. 云梦学刊, 2013 (1).

118. 张秀琴. 马克思意识形态概念在中国的早期传播与接受: 1919—1949 [J]. 马克思主义与现实, 2013 (1).

119. 刘明诗. 李达社会主义思想的哲学基础 [J]. 江汉论坛, 2013 (4).

120. 刘明诗. 20 世纪上半叶李达社会主义思想的基本特点 [J]. 武汉大学学报 (人文科学版), 2014 (5).

121. 潘景才, 刘明诗. 浅析建国前李达社会主义思想的系统性特点 [J]. 今日中国论坛, 2013 (9).

122. 刘明诗. 一部精心编纂的中国马克思主义理论的鸿篇巨著——《李达全集》评介 [J]. 马克思主义哲学研究, 2017 (2).

123. 刘明诗, 叶念. 马克思主义哲学创新的方法自觉——以李达、冯契为例 [J]. 马克思主义哲学研究, 2017 (1).

124. 韩旭. 李达对马克思主义中国化的理论贡献与思想特征 [J]. 延安大学学报 (社会科学版), 2013 (8).

125. 金艳芬. 李达与早期马克思主义在中国传播与发展 [J]. 兰台世界, 2014 (1).

126. 张明. 尼克·奈特关于李达与毛泽东"两论"关系的再解读 [J]. 当代世界与社会主义, 2014 (4).

127. 苏艳霞 李兰玉. 李达对马克思主义中国化的贡献 [J]. 兰台世界，2014（4）.

128. 颜鹏飞，刘会闯. 李达与马克思主义经济学中国化 [J]. 武汉大学学报（人文科学版），2014（5）.

129. 丁霞，颜鹏飞. 抗战时期的中国经济学 [J]. 光明日报，2015（8）.

130. 裴庚辛，邹进文. 李达的中国近代经济史研究 [J]. 马克思主义哲学研究，2015（6）.

131. 裴庚辛. 论李达对中国近代经济研究的贡献 [J]. 学习与实践，2015（9）.

132. 邹进文，张夏青. 中国马克思主义货币理论的早期开拓——李达的货币思想研究 [J]. 江汉论坛，2015（9）.

133. 周可. 李达深受中国传统文化的影响吗？——兼与丁晓强诸先生商榷 [J]. 马克思主义哲学研究，2016（2）.

134. 盛福刚. 李达留学经历考 [J]. 马克思主义哲学研究，2017（2）.

135. 顾海良. 中国特色社会主义的历史逻辑和理论逻辑探索 [J]. 教学与研究，2013（10）.

136. 顾海良. 历史路标和时代意蕴——中国特色社会主义政治经济学形成和发展概略 [J]. 光明日报，2018 年 12 月 21 日。

137. 田克勤. 中国特色社会主义理论的概念演进与体系概括 [J]. 思想理论教育导刊，2014（3）.

138. 王伟光. 当代中国坚持和发展科学社会主义的三大基本问题 [J]. 马克思主义研究，2014（8）.

139. 许全兴. 关于马克思主义理论创新的几个问题 [J]. 马克思主义哲学研究，2017（1）.

140. 乔榛. 中国特色社会主义政治经济学的理论体系构想 [J]. 学习与探索，2017（2）.

141. 雷玉明，肖迪. 李达对中国社会主义革命和建设道路的探索 [J]. 安徽大学学报（哲学社会科学版），2018（1）.

142. 洪银兴. 中国特色社会主义政治经济学发展的最新成果 [J]. 中国社会科学，2018（9）.

143. 习近平. 坚守马克思主义政治经济学根本立场 市场要有效政府要有为 [J]. 求是，2020（16）.

144. 付文军. 马克思主义政治经济学在中国. 一项历史性考察（1921—2021）［J］. 经济学家，2022（2）.

145. 顾海良. 恩格斯对广义政治经济学的研究及其当代意义——纪念恩格斯诞辰 200 周年［J］. 经济学家，2020（10）.

146. 顾海良. 不断发展中国特色的马克思主义政治经济学［J］. 红旗文稿，2021（7）.

147. 顾海良. 习近平经济思想与马克思主义狭义和广义政治经济学发展［J］. 当代经济研究，2022（4）.

148. 蒋永穆，亢勇杰. 习近平经济思想对马克思主义政治经济学的坚持和发展［J］. 社会科学战线，2022（9）.

149. 刘伟. 关于政治经济学的性质和特点的再讨论——学习习近平在哲学社会科学工作座谈会上的讲话的体会［J］. 政治经济学评论，2022（6）.

150. 赵敏，王金秋. 中国特色社会主义政治经济学研究［J］. 政治经济学评论，2023（2）.

151. 程霖，谢瑶. 中国经济学构建：20 世纪 20—40 年代中国经济学社的探索［J］. 中国经济史研究，2023（1）.

152. 谢伏瞻. 政府与市场关系的实践推动着中国经济学理论创新［J］. 经济研究，2019（9）.

三、论文类

1. 丁兆梅. 李达社会主义思想研究［D］. 济南：山东师范大学，2012.

2. 李虹. 河上肇与中国的马克思主义传播［D］. 武汉：武汉大学，2013.

3. 刘会闯. 李达经济思想研究［D］. 武汉：武汉大学，2014.

4. 李爱华. 20 世纪二三十年代中国社会性质论战——以"马克思主义中国化"为视角［D］. 天津：南开大学，2014.

5. 虞志坚. 李达民生思想研究［D］. 武汉：武汉大学，2014.

6. 李爱军. 马克思主义在两湖地区的早期传播研究（1912—1927）［D］. 武汉：武汉大学，2014.

7. 朱美荣. 五四时期吹响的社会主义"集结号"——中国早期几大社会主义思潮研究［D］. 上海：上海社会科学院，2014.

8. 周接兵. 探索与抉择. 中西文化冲突视域下的近代［D］. 湘潭：湘潭大学，2015.